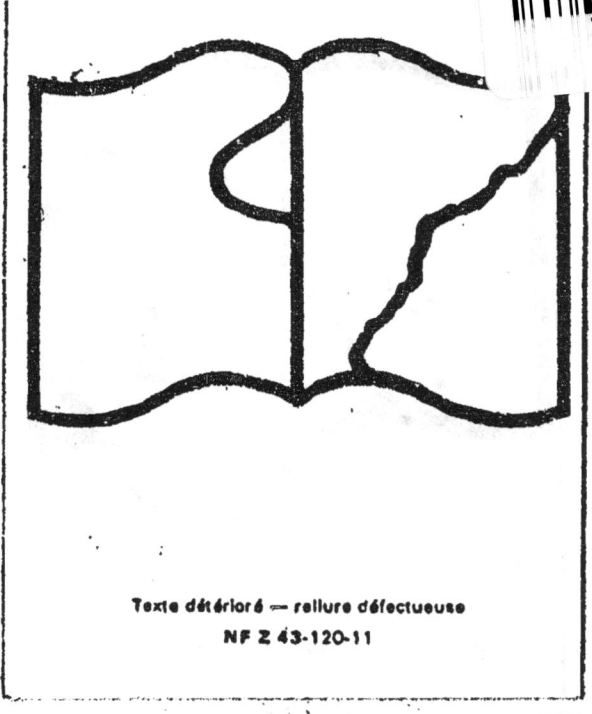

Texte détérioré — reliure défectueuse
NF Z 43-120-11

VALABLE POUR TOUT OU PARTIE
DU DOCUMENT REPRODUIT.

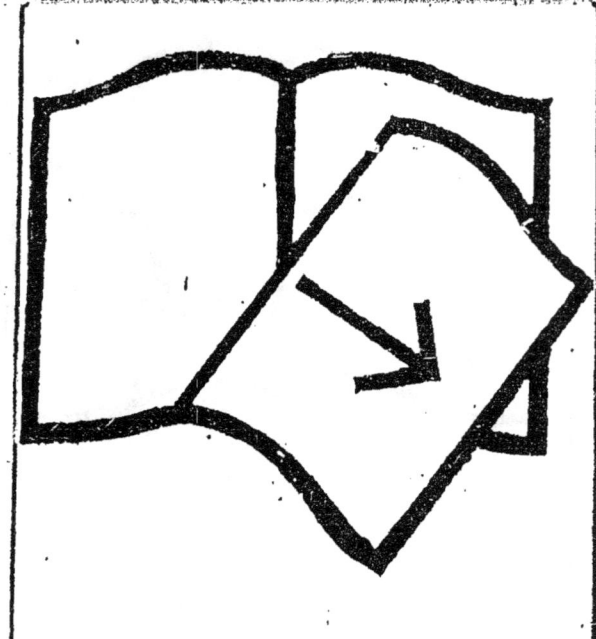

Couverture inférieure manquante

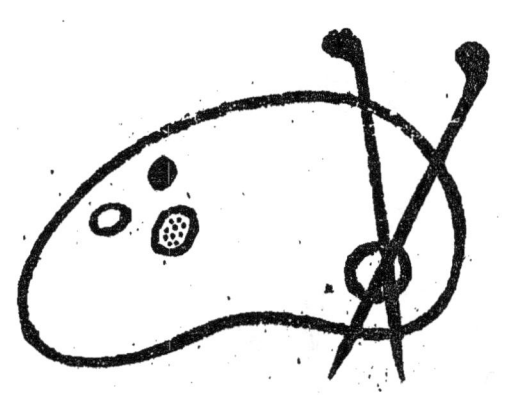

Original en couleur
NF Z 43-120-8

BIBLIOTHÈQUE DE L'*ILLUSTRÉ MODERNE*

PAUL ARÈNE

LA Chèvre d'Or

ROMAN INÉDIT

Illustrations de Gorguet et Georges Scott

PARIS
SGAP, IMPRIMEUR-ÉDITEUR
3, RUE DE L'ÉCHELLE, 3

1888

Tous droits réservés.

LA CHÈVRE D'OR

AU DOCTEUR Z...

« Ris, ne te gêne point, ami très-cher, ô grand docteur!

Je te vois d'ici lisant ma lettre au fond du fastueux cabinet encombré de la dépouille des âges où, pareil à un Faust qui serait bibelotier, tu passes au creuset de la science moderne ce que l'humanité gardait encore de mystères, où, parmi les tableaux anciens et les statues, les émaux, les tapisseries, tu uses tes jours, poussé par je ne sais quel contradictoire et douloureux besoin de vérité, à réduire en vaine fumée les illusions de ce passé dont le reflet pourtant reste ta seule joie; et je devine le sourire d'ironie compatissante qui, avant une minute, va éclairer ton numismatique profil.

Tel que tu me connais : devenu douteur par raison, guéri des beaux enthousiasmes et déshabitué de l'espérance, je suis très sérieusement occupé à la recherche d'un trésor.

Oui! ici, en Provence, dans un pays tout de lumière et de belle réalité, aux horizons jamais voilés, aux nuits claires et sans fantômes, je rêve ainsi tout éveillé le plus merveilleux des rêves.

Folie! vas-tu dire. Rassure-toi. Bientôt ta sagesse reconnaîtra qu'il me faudrait, au contraire, être fou, pour renoncer à ma folie. Car le trésor en question est un trésor réel, palpable, depuis plus de mille ans enfoui, un vrai trésor en or et qui n'a rien de chimérique. Bien que comparable aux amoncellements de joyaux précieux et de frissonnantes pierreries dont l'imagination populaire s'éblouissait au temps des mille et une nuits et des califes, aucun génie ne le garde et bientôt il m'appartiendra.

Comment?... Laisse m'en le secret une semaine encore.

Du reste j'avais, à ton intention, jeté sur le papier, d'abord pour occuper mes loisirs, plus tard pour amuser mon impatience, le récit exact de mes sensations et de mes aventures depuis le jour de mes adieux.

Tu recevras le paquet en même temps que cette lettre. Tout un petit roman dont les circonstances ont seules tissé la trame et où ma volonté ne fut pour rien. Il ne s'y agit de trésor qu'assez tard. Je t'enverrai la suite et tu pourras ainsi t'associer aux émotions que je traverse. En attendant, montre-toi indulgent à ma chimère.

Pour te prouver que je suis lucide et que la manie

des grandeurs ne m'a pas troublé le cerveau, je te jure que bientôt, à Paris, je rirai avec toi et plus fort que toi de mes déconvenues si, au réveil, sous le dernier coup de pioche, je ne trouve, comme dans les contes, à la place du Colchos et de la Golconde espérés qu'un coffre vermoulu, des cailloux et des feuilles sèches.

Ton

X... »

LA CHÈVRE D'OR

I

EN VOYAGE

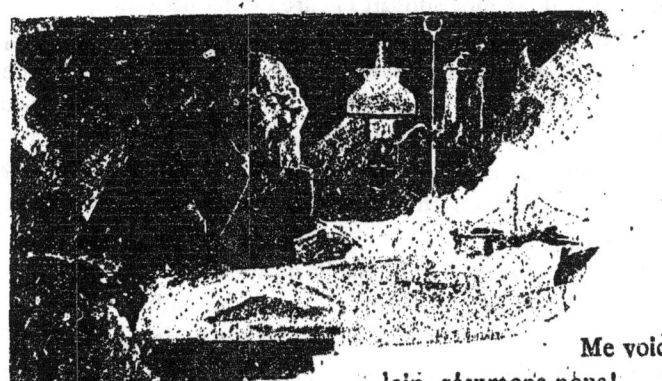

Me voici loin, résumons-nous! Le bilan est simple : des amours ou soi-disant tels qui ne m'ont pas donné le bonheur; des travaux impatients qui ne m'ont pas donné la gloire; des amitiés, la tienne exceptée, qui m'ont toutes, en s'égrenant, laissé ce froid au cœur mêlé de sourde colère que provoque l'humiliation de se savoir dupe.

Bref! je me retrouve de même qu'au début, avec en moins la foi dans l'avenir et le don précieux d'être trompé qui, seul, fait la vie supportable. Je ne rappelle que pour mémoire une fortune fort ébréchée sans même que je puisse me donner l'excuse de quelque honorable folie.

J'ai eu très distinct le sentiment de cela, il y a un instant, dans l'éternelle chambre d'hôtel banale et triste, en écoutant l'horloge de la ville sonner.

Par une rencontre qui n'a rien de singulier, cette horloge au milieu de la nuit sonnait l'heure de ma naissance, cependant qu'à défaut de calendrier, un bouquet d'anniversaire, envoi d'une trop peu oublieuse amie, me disait avec une cruelle douceur le chiffre de mes quarante ans... Ne serait-ce point la cloche d'argent du palais d'Avignon, au même tintement grêle et clair, qui ne sonnait qu'à la mort des papes?

Il me semble, en effet, qu'en moi quelque chose vient de mourir.

A quoi me résoudre? M'établir pessimiste? Non pas certes! J'aurais trop peur de ta trop bien portante raillerie.

Après tout, je ne suis plus riche : mais il me reste de quoi vivre libre. Je ne suis plus jeune, mais il y a encore une dizaine de belles années entre l'homme qui m'apparaît dans cette glace et un vieillard. Il est trop tard pour songer à la gloire ; mais le travail même sans gloire a ses nobles joies.

Et, puisque je n'eus pas le génie d'être créateur, peut-être qu'un effort dans l'ordre scientifique, une série de recherches établies nettement et courageusement poursuivies, me débarrasseront des désespérantes hésitations qui, si souvent, m'ont laissé tomber l'outil des mains à mi-tâche devant des entreprises trop purement imaginatives pour ne pas, à certains moments douloureux, apparaître creuses et vaines au raisonneur et au timide que le hasard a fait de moi.

Après avoir cherché, réfléchi, je me suis donc fixé une besogne selon mon courage et mes goûts.

Tu sais s'il m'est permis d'employer une expression que tu affectionnes et que tu as même, je crois, un peu inventée, quel enragé *traditionniste* je suis.

En exil au milieu du monde moderne, j'ai cette infirmité qu'aucune chose ne m'intéresse si je n'y retrouve le fil d'or qui la rattache au passé. Mon sentiment, d'ailleurs, peut se défendre : l'avenir nous étant fermé, revivre le passé reste encore le seul moyen que nous ayons d'allonger intelligemment nos quelques années d'existence.

Tu sais aussi, pour m'avoir souvent plaisanté sur un vague atavisme barbaresque que ton érudition moqueuse me prêtait, tu sais quel faible j'eus toujours pour les souvenirs de la civilisation arabe.

Dans ce beau pays où, par la langue et par la race, au-dessus du vieux tuf ligure, tant de peuples, Phéniciens, Phocéens, Latins, ont laissé leur marque, les derniers venus, les Arabes seuls m'intéressent.

Plus que la Grecque qui, avec ses yeux gris bleus s'encadrant de longs sourcils noirs, évoque la vision de quelque Cypris paysanne, plus que la Romaine dont souvent tu admiras les fières pâleurs patriciennes, me plaît rencontrée au détour d'un sentier la souple et fine Sarrazine, à la lèvre rouge, au teint d'ambre. Et tandis que d'autres sentent leur cœur battre à la trouvaille d'un fragment d'urne antique ou d'une main de déesse que le soleil a dorée, je ne me sentis jamais tant ému qu'un jour dans Nîmes, aux bains de Diane dont les vieilles pierres disparaissaient sous un écroulement de roses, en foulant parmi les débris le plafond de marbre fouillé et gauffré que nos constructeurs d'alhambras ajoutèrent ingénument aux ornements ioniens du temple des nymphes.

On accueillit en ami, chez nous, ces chevaleresques aventuriers qui, au milieu du dur moyen-âge, nous apportaient, vêtus de soie, la grâce et les arts d'Orient. Quand les Arabes vaincus se réembarquèrent, la Provence entière pleura comme pleurait Blanche de Simiane au départ de son bel émir.

J'avais entrepris autrefois sur ce sujet un travail, hélas! interrompu trop vite, et retrouve même fort à propos un cahier jauni dont bien des pages sont restées blanches. Je ferai revivre, en les complétant, ces notes longtemps oubliées. Je recommencerai mes longues courses sous ce ciel pareil au ciel d'Orient, à travers ces rocs mi-africains qui portent le palmier et la figue de Barbarie, le long de ces *calanques* bleues propices au débarquement de ces plages, où, dans le sable blond, s'enfonçait la proue des galères.

Heureux le soir et n'ayant pas perdu ma journée, si je découvre quelque nom de famille ou de lieu dont la consonnance dise l'origine, si j'aperçois au soleil couchant, près de la mer, sur une cime, quelque village blanc avec une vieille tour sarrazine, gardant encore ses créneaux et l'amorce de ses moucharabis.

Dans ce pays hospitalier, indulgent aux mauvais chasseurs,

un fusil jeté sur l'épaule me donnera l'accès auprès des paysans.

La mission, gratuite d'ailleurs et peu déterminée, que ton amitié, à tout hasard, m'avait obtenue du ministère me fera bien accueillir des savants locaux, des curés, des instituteurs et me permettra de fouiller les vieux cahiers de tailles, les cadastres, les résidus d'archives.

Et, après un mois ou deux de cette érudition en plein air, j'espère te rapporter sinon d'importantes découvertes, du moins un ami bronzé et solide à la place du Parisien ultra nerveux que tu as envoyé se refaire l'esprit et le corps au soleil.

II

LA PETITE CAMARGUE

Mais avant d'entrer en campagne, avant de mettre à exécution tous ces beaux projets, j'aurais besoin de me recueillir quelques jours. Si j'allais demander l'hospitalité à patron Ruf? Il vit sans doute encore. Nous sommes liés depuis quatre ans, et voici comment je fis sa connaissance.

Je voyageais, suivant la côte de Marseille à Nice, quand un soir, pas bien loin d'ici, aux environs de l'Estérel, mon attention fut attirée par une demeure rustique dont la singularité m'intéressa.

C'était, au pied d'un rocher à pic, une de ces cabanes basses spéciales au delta du Rhône, faites de terre battue et de roseaux et d'une physionomie si caractéristique avec leur toit blanc de chaux relevé en corne.

Le rocher, évidemment, plongeait autrefois dans la mer; mais l'amoncellement de sables rejetés là par les courants,

l'alluvion d'une petite rivière dont l'embouchure paresseuse
s'étale en dormantes lagunes avaient peu à peu fait de la baie

primitive une étendue de limon saumâtre coupée çà et là de

flaques d'eau où poussent des herbes marines, quelques joncs et des tamaris.

Trouver ainsi en pleine Provence levantine une minuscule Camargue et sa cabane de gardien avait déjà de quoi me surprendre; mais mon étonnement fut au comble quand j'aperçus, raccommodant des filets devant la porte, une femme vêtue du costume camarguais.

A mon approche, l'homme sortit. Je le saluai d'un « bien le bonjour! » provençal. Au bout de dix minutes nous nous trouvions les meilleurs amis du monde.

Ruf Ganteaume, et plus usuellement patron Ruf, compromis en 1851 pour avoir avec son bateau facilité la fuite de quelques soldats de la résistance, s'en était tiré à bon compte, évitant Cayenne et Lambessa, par un internement aux environs d'Arles.

Plus heureux que d'autres, en sa qualité de pêcheur, il put gagner sa vie sur le Rhône, se maria et revint au pays après l'amnistie, ramenant une belle fille noire, Tardif des Tardif de Fourques et qu'il continuait à appeler Tardive.

Ruf et Tardive avaient un fils qu'ils voulurent me présenter.

On appela : « Ganteaume! Ganteaume! Je m'attendais à quelque solide gaillard déjà tanné par le soleil et la mer; je vis sortir d'une touffe de tamaris un tard venu de dix ans, les cheveux ébouriffés, l'air sauvage, tenant par les pattes une grenouille énorme qu'il venait de capturer. C'était M. l'Aîné, porteur du nom, c'était Ganteaume.

Je parvins à apprivoiser Ganteaume et vécus chez ces braves gens toute une semaine. J'avais promis de leur donner

de mes nouvelles. Je ne l'ai point fait. Me reconnaîtront-ils après quatre ans?...

. . . .

Ils m'ont reconnu, et j'ai trouvé toutes choses en état.

Une cabane toujours neuve ; car Ruf, à chaque automne, en renouvelle la toiture en roseaux, et Tardive tous les samedis, Ganteaume tenant le seau où flotte la chaux délayée, rebadigeonne crête et murs, suivant la coutume du pays d'Arles.

Comme changement, quelques rides sur la face incrustée de sel du patron, et quelques fils d'argent dans les bandeaux grecs de Tardive.

Ganteaume, poussé vite, est devenu un vaillant garçonnet aux cheveux frisottants de petit blond qui brunira. Ganteaume ne pêche plus aux grenouilles. Quand il ne va pas à la mer, il monte Arlatan, un étalon camarguais, blanc comme la craie, vif comme la poudre, que son père, avec le harnachement en crin tressé, les étriers pleins, la haute selle, a ramené de Fourques où il était allé recueillir un héritage.

Mon installation fut bientôt prête. Ganteaume, qui couchera à côté de ses parents, m'a cédé sa chambre; il me semble qu'elle m'attendait.

En l'honneur de mon arrivée, on a dîné d'une bouillabaisse pêchée par patron Ruf lui-même et servie, suivant l'usage, sur une écorce de liège oblongue creusée légèrement, et pareille à un bouclier barbare. Nous avions chacun pour assiette une moitié de nacre, moules gigantesques aux reflets d'argent et d'acajou que les barques, à grand effort

d'un câble noué en nœuds coulants, arrachent dans les récifs du golfe.

A part ce détail tout local des assiettes et du plat, j'aurais pu, avec cet horizon d'eaux miroitantes, de tamaris en dentelle sur l'or du couchant, et le clairin d'Arlatan qui tintait, me croire dans quelque coin au bord du Vaccarès, entre la tour Saint-Louis et les Saintes.

Derrière les dunes, la vague chantait.

Jusqu'à minuit Tardive, belle d'humble orgueil et de noblesse, me fit l'éloge de son bonheur. Ganteaume sommeillait. Patron Ruf fumait sans rien dire. Et j'admirais cet insouciant poète qui, pour que sa femme se sentît heureuse et l'aimât, sur un peu de terre amoncelée par la mer et l'eau d'un ruisseau lui avait fait une patrie.

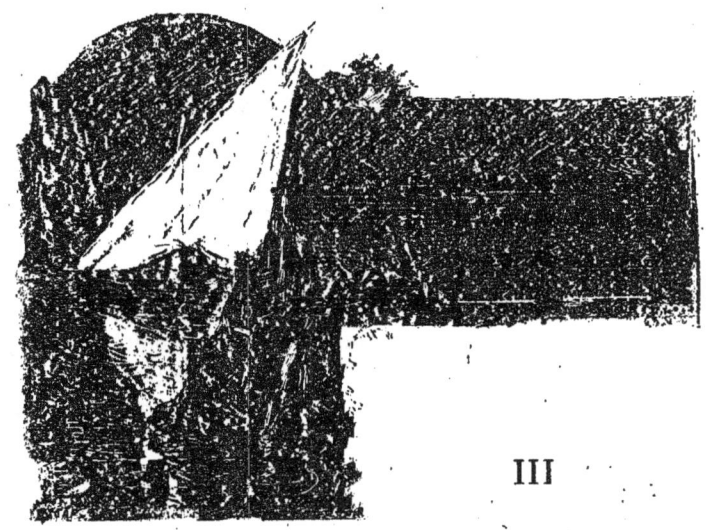

III

PATRON RUF

Patron Ruf en réalité vit de sa pêche que Tardive, montée sur Arlatan, va deux ou trois fois par semaine vendre à la ville. Mais son orgueil est d'être corailleur.

Ne devient pas corailleur qui veut! Le titre se transmet de père en fils, et les membres de la corporation, une fois reçus, jurent le secret.

Un triste métier, paraît-il, que celui de mousse apprenti. Patron Ruf passé par là, couché des journées entières au fond du bateau pendant que l'équipage avant de promener le filet drague dans les hauts fonds, s'orientait, pour reconnaître les endroits propices, sur quelque rocher remarqué, quelque *enseignadou* de la côte, et ne respirant guère que le soir, quand, la journée finie, le bateau amarré, il s'agissait de chercher de l'eau, de ramasser du bois et de faire la bouillabaisse.

A seize ans Patron Ruf avait été initié. Et maintenant encore, dès que les mois d'été arrivent, le diable ne l'empêcherait pas d'aller rejoindre la flottille des confrères au cap d'Antibes. Expéditions mystérieuses où l'on s'embarque avec trois jours de vivres, où l'on feint de partir pour Gênes, la Corse, la Sardaigne, bien qu'en somme on ne perde guère la terre de vue.

Juin approchant, Patron Ruf parle de partir, d'emmener cette fois Ganteaume.

Mais Tardive veut garder Ganteaume, et c'est là leur seule querelle.

En attendant Patron Ruf m'a pris pour second. Tous les matins nous filons au large jeter le *gangui* ou bien tendre les *palangrottes*.

Hier, la mer est devenue grosse subitement. Un peu de mistral soufflait! et nous avons dû au retour tirer des bordées.

Patron Ruf tenait la barre et ne parlait pas. Ganteaume courant pieds nus sur le plat bord était tout entier à sa voile et à ses cordages. Et tandis que les grandes lames, lentes et lourdes, sans écume, se déroulaient sous le soleil pareilles à du plomb fondu, je m'amusais, passager inutile, à regarder la

côte aride, les collines échelonnées montant et s'abaissant les unes derrière les autres selon que la bordée nous rapprochait de la rive ou bien nous ramenait au large.

A la cime d'un pic, dans le soleil, une tache blanche brillait. Je demandai : — Est-ce un village ? — Le Puget,.. répondit Patron Ruf sans lâcher sa pipe. — Le Puget-Maure ! ajouta Ganteaume.

L'aspect du lieu, ce nom sarrazin, surexcitaient ma curiosité savante. J'aurais voulu d'autres détails. Mais Patron Ruf, furieux d'un coup de barre donné à faux, s'obstinait dans sa taciturnité, et malgré mon impatience, je dus me résigner à attendre que la belle humeur lui revînt avec le beau temps.

Aujourd'hui le vent a augmenté.

Au *Cagnard* entre deux buttes de sable tiède où le vif soleil des jours de mistral allume les paillettes du mica, nous causons, patron Ruf et moi, tandis que là-bas Tardive cuisine et que Ganteaume court sur la plage ramassant, pour me les montrer, des coquilles, des os de seiche, des pierres ponce et les épis d'algue feutrés en boules brunes que rejette au milieu de flocons d'écume la colère de la mer.

Dans nos conversations, c'est généralement de politique qu'il s'agit.

Grave, rasé, l'air d'un Latin, patron Ruf, plus que jamais, maintient la République. Paris le préoccupe beaucoup ; il en admire les grands hommes, et n'ayant guère pour lecture qu'un vieux Plutarque dépareillé, il se le figure comme Rome ou Athènes. Il possède dans sa cabane un buste en plâtre de Marianne qu'il appelle sérieusement la déesse et qui fait pendant à une sainte Marthe domptant la tarasque, que Tardive apporta

d'Arles. Les jours de fête Tardive partage ses fleurs entre sainte Marthe et Marianne. Parfois aussi elle se révolte : — « Eh té ! qu'est-ce qu'elle peut nous donner de plus ta République ? N'avons-nous pas une maison, un bon bateau, un bel enfant ?... »
A quoi patron Ruf répond : — « Tout le monde n'est pas comme nous. Il y a des pauvres dans les grandes villes. Les femmes ne comprennent pas ça : mais la gloire de la République, c'est d'améliorer le sort des pauvres. »

Pour une fois cependant nous laissons la politique tranquille. Encore préoccupé de notre traversée d'hier, j'ai remis sur le tapis ce village du Puget-Maure, entrevu de loin et si étrangement perché.

— « Drôle d'idée de vouloir vous perdre dans ce paradis des couleuvres ! Le Puget n'est plus même un village. Il y a cent ans, je ne dis pas. Mais depuis, ce qu'il pouvait rester de bon là-haut, terre et habitants, est descendu en plaine. Le roc seul est resté, avec une vingtaine de familles qui font semblant de cultiver ce que la pluie a laissé dans les creux. Et quelles familles ! des gens à figure de bohémiens qui ne se marient qu'entre eux, par fierté, disent-ils, mais aussi par misère. Tout ce vilain monde n'aurait qu'à mourir de sa belle faim. Seulement les femmes, un peu sorcières, vont à la ville les jours de marché vendre des fromageons et des plantes de montagne. Les hommes, eux, braconnent malgré les gendarmes, et la poudre ne leur coûte pas cher. »

Patron Ruf ne se doute pas qu'en disant du mal du Puget-Maure, il ne fait qu'augmenter mon désir.

— « Vous ne trouverez même plus de route. Il en existait une autrefois. L'orage l'a changée en ravine, et les gens de Puget se croient trop grands seigneurs pour faire métier de cantonniers. »

Mon obstination pourtant a fini par vaincre les résistances de patron Ruf, qui, Romain dans le sang, hait par instinct ces races bédouines, et, vieille homme de mer, considère comme une aventureuse expédition cette marche de quelques heures en montagne.

Patron Ruf s'est même rappelé fort à propos qu'il possédait là-haut un ami.

— « Un ancien capitaine caboteur, brave homme mais un

peu fou, qui s'est mis en tête d'aller vivre au Puget-Maure avec sa fille. Ils habitent le château. Vous verrez ce château : je ne le changerais pas pour le mien. »

Que patron Ruf déverse à l'aise son mépris sur le Puget-Maure !

L'important c'est qu'aussitôt le beau temps revenu, il doit me conduire en barque jusqu'à la calanque d'Aygues-Sèches, où tombe le Riou qui passe au Puget. Je pourrai de là, paraît-il, en remontant le lit du torrent, gagner le village sans trop de peine. Les torrents, ici comme en Grèce, sont encore pendant l'été les plus praticables des chemins.

IV

LA CALANQUE

Patron Ruf m'a ménagé une surprise.

Pendant que nous irons par mer, Tardive montée sur Arlatan avec Ganteaume en croupe, portera par le sentier ordinaire, — il en existe un décidément, — mes bagages jusqu'au Puget. Puis Tardive reviendra seule, me laissant Ganteaume comme page pour une quinzaine. C'est l'époque où patron Ruf éprouve le besoin d'aller pêcher du corail, et Ganteaume lui devient inutile.

Patron Ruf cependant ne pardonne pas encore au Puget.

Il profite que nous sommes seuls sur l'eau bleue pour recommencer sa diatribe. Mais n'osant pas attaquer de face, il y arrive par un détour.

Il me raconte — pourquoi diantre me raconte-t-il cela ? — que le coin de golfe où nous naviguons recouvre une ville disparue, on ne sait quand, au temps de « la louve de marbre »,

Lorsque la mer, comme aujourd'hui, est très unie, on aperçoit distinctement des murs de cirque, des colonnes. — « Tout un Arles, là-bas, à dix brasses. Regardez plutôt ! » Je regarde et n'arrive guère à distinguer, avec de gros oursins roulant sur leurs piquants et des poissons aux reflets de métal qui passent, qu'un fond inégal, noirs d'algues flottantes.

Patron Ruf, plus heureux, découvre toute sorte de choses. Il s'exalte, il parle de coupes d'argent, de dieux en bronze, autrefois ramenés dans le filet des pêcheurs, d'une jarre pareille à un bloc de rocher sous sa couche de coquillages, mais pleine de pièces d'or, qu'un enfant trouva, roulée dans le sable, un lendemain de tempête. — « Ah, si tout l'or caché qui dort inutile, paraissait au jour ! » Et, vieux républicain en qui revit l'âme des Gracques, le voilà, pétrissant le monde à sa fantaisie, un monde où chacun naîtrait riche, où les braves gens seraient heureux.

Si pourtant, quelque jour, en jetant le « gangui », il accrochait lui aussi un bout de trésor ? on saurait s'en servir tout comme un autre. — « Nous voyez-vous, moi en monsieur, Tardive en dame et Ganteaume avec des escarpins vernis ! ».

Attention : patron Ruf se raille lui-même ; et quand un Provençal se raille il n'est jamais long à railler quelqu'un autre.

Maintenant c'est aux gens du Puget-Maure qu'en a patron Ruf. Ils possèdent eux aussi un trésor, et c'est ce qui les rend si fiers, une chèvre en or qu'on rencontre la nuit broutant la mousse des montagnes. Jamais personne n'a pu la prendre tant elle court vite. Mais l'espoir fait vivre quoiqu'il engraisse peu, et si les Mouresq, comme on les appelle, sont tous maigres, c'est que depuis longtemps, pécaïré! ils ne vivent guère que d'espoir.

Patron Ruf, ayant cette fois tout dit, se mit à rire silencieusement, les dents serrées sur son tuyau de pipe. Il riait encore en débarquant au bas des falaises d'Aygues-Sèches. Il s'arrêta seulement de rire pour notre déjeuner d'adieu préparé d'avance par Tardive, et que nous augmentâmes de quelques douzaines d'arapèdes noblement moussus, cueillis au couteau dans les roches.

V

DANS LE VALLON

Patron Ruff m'a dit : « Le vallon passe juste sous le village; en le remontant tout droit, au bout de deux petites heures, vous serez rendu au Puget. »

Un berger de quinze ans qui, laissant son chien faire la

garde, s'amusait à tailler en figurines les nodosités baroques d'un bâton de caroubier, confirme ces renseignements.

Le voyage est charmant d'abord dans ce lit de torrent qui, au loin, roule sous la brise venue de la mer de grandes fleurs et des herbes grises.

Par malheur, ni patron Ruf, ni le berger, ne m'ont averti d'un point important. C'est qu'un pas plus haut, l'orage, mauvais cantonnier, a laissé en route les trois quarts au moins des cailloux roulés et des rochers que son flot boueux devait charrier à la grève. De sorte que, maintenant ma marche vers le Puget-Maure n'est plus qu'une série de périlleuses escalades à travers des cascades sèches, amas de pierrailles et de blocs traîtreusement polis, que rend plus glissants encore un tapis d'aiguilles de pins.

Combien durèrent les deux heures? je l'ignore! le temps passe vite lorsqu'on fait ce ridicule métier de s'accrocher, sans repos ni trêve, des pieds, aux aspérités de la pierre; des mains, à quelque touffe de ciste, de lentisque, à quelque branche de figuier sauvage, dont les feuilles froissées m'entêtaient de leur forte odeur.

Toujours est-il que le soleil, violent encore, baissait déjà quand à un détour le Puget-Maure m'apparut. Il me semblait tout près, à portée de la main, derrière ce dernier promontoire. Mais un promontoire franchi, un autre aussitôt se dressait, puis disparaissait, laissant voir ce fantastique petit village que je m'imaginais toujours être sur le point d'atteindre, et qui, à chaque fois, s'éloignait.

Le paysage avait changé. Je m'en aperçus seulement

à l'heure où, exténué, je m'étendis le dos dans l'herbe, sous un bloc roulé.

Ce n'était plus les blancheurs calcaires des falaises au bord du golfe ; mais, comme si un antique volcan eût déversé là ses coulées, deux hautes murailles porphyriques dont les innombrables paillettes s'allumaient aux rayons rouges du couchant. Puis, sur ce sol de feu où les rayons se concentraient, une végétation africaine : de grands aloès, des cactus, et, çà et là, martyr écorché, le tronc saignant d'un chêne liège. La chaleur devenue intense, comme cela arrive à la tombée du jour, faisait partout craquer les écorces, pleurer les résines, et se mourir dans un crescendo exaspéré l'aride chanson des cigales.

Il faut croire que je m'endormis.

Oui ! je m'endormis, et fis tout de suite un rêve étrange, longtemps continué, pendant lequel il me sembla vivre des années et des années. En quête de trésors cachés, je parcourais des pays inconnus, des royaumes chimériques ; mais toujours le rêve me ramenait à une vallée fermée, aux flancs couleur de feu, incrustés d'escarboucles, où, souffrant d'une soif ardente, je poursuivais la chèvre d'or.

J'étais sur le point de la saisir, j'apercevais distinctement, à deux pas de moi, dans un buisson, ses yeux malicieux, ses cornes qui luisaient...

Un chevrottement distinct et rapproché, un léger tintement de clochette me réveillèrent. J'ouvris les yeux et crus d'abord qu'une hallucination prolongeait mon rêve.

Mais non ! quoique s'assombrissant de minute en minute sous le crépuscule survenu pendant ce long sommeil, je reconnaissais le paysage admiré tantôt dans sa splendeur ensoleillée; et c'était bien une chèvre en chair et en os qui, à la cime d'une roche aiguë, les quatre pieds joints, me regardait. Ses cornes luisaient, ses sabots luisaient, sa toison avait des reflets fauves.

J'avançai doucement pour la regarder de plus près, mais ma familiarité l'offensa. Elle fit un bond, disparut un instant, puis reparut sur une autre roche.

A la place qu'elle quittait, où ses sabots avaient posé, la pierre rouge semblait frottée d'or. Je ne pus m'empêcher de sourire : — « Patron Ruf aurait-il eu tort de railler, aurais-je, pour mes débuts dans ce pays, rencontré la chèvre d'or de la légende ? »

Cependant, l'espiègle chèvre jaune, comme eût fait sans doute la chèvre d'or véritable, semblait m'attendre et me provoquer.

J'avançai encore; elle repartit, cornes en avant cette fois, dans un épais fourré de lentisques où, d'abord, elle s'empêtra. Je la tenais déjà, je caressais son poil rude et roux, quand d'un simple effort, rompant l'obstacle des branchages, elle retomba, bondissante et libre, de l'autre côté.

Quelque chose tinta, sa clochette sans doute qui s'était détachée. Car je trouvai sous le buisson une de ces clavettes en forme de demi-croissant dont les bergers se servent pour boucler le collier de bois que les chèvres portent au cou. Je cherchai vainement la clochette. Plus lourde, elle avait dû rebondir et rouler dans un creux, où parmi les pierres, un peu d'eau coulait.

La chèvre était loin, elle courait. Piqué au jeu, intéressé

LA CHÈVRE D'OR

par le mystère, je me mis à courir aussi, sans trop butter : pourtant maintenant nous suivions une manière de chemin. Et j'étais déjà tout près d'elle, quand, sous la lune qui se levait, d'un dernier saut, comme par miracle, je la vis soudain

disparaître dans la masse même d'un roc qui semblait barrer le vallon.

En même temps, au-dessus de moi, à cinquante pieds, j'entendis un bruit de voix, un son de cloches; et, levant la tête, je m'aperçus au déchiquetage des toits sur le ciel, à la silhouette des gens causant accoudés en haut d'une terrasse, que ce que j'avais pris pour un roc, était probablement un village.

« Holà ! criai-je, est ici le Puget ?

— Ici même, vous n'avez qu'à suivre le sentier, monter l'escalier et passer la porte. »

Je suivis un étroit sentier que continuaient tant bien que mal des degrés taillés dans la pierre. Je passai sous un portail bas, veuf de ses battants, mais encore surmonté de vagues armoiries. Une vieille femme m'indiquait l'auberge. Et, malgré les sinistres prédictions de Patron Ruf, je pus, après un souper que l'appétit me fit trouver délicieux, dormir dans un lit blanc dressé au beau milieu d'une chambrette plus blanche encore, dont les ogives bizarres, jusqu'au moment où le sommeil ferma mes paupières, me donnèrent l'illusion d'une humble et rustique Alhambra.

VI

LA CHÈVRE D'OR

J'avais oublié la chèvre. Ganteaume, au matin, me la rappelle.

Arrivés tard avec Arlatan, il a couché, Tardive aussitôt repartie, chez cet ancien capitaine dont patron Ruf hier me parlait.

Ganteaume m'apporte ma valise.

En la posant sur la table, il découvre un fragment de rocher rouge, luisant de paillettes, ramassé par moi machinalement à l'endroit où la chèvre m'était apparue. Il s'extasie, il me demande si toutes ces paillettes sont du vrai or.

La clavette aussi l'intéresse. Généralement les clavettes sont en buis taillé au couteau, et Ganteaume me fait remarquer que celle-ci est en ivoire.

Puis il me quitte pour aller chercher mes livres. Demeuré seul, je réfléchis.

Bien avant les récits de patron Ruf, je la connaissais sa légende, et dans tous les coins de Provence j'avais rencontré la chèvre d'or.

Aux Baux, errant les nuits de lune à travers les palais abandonnés et courant le long des abîmes; non loin d'Arles, à Cordes, autour du mystérieux souterrain taillé dans le roc, en forme d'épée; près de Vallauris, du Val d'Or, sur ce plateau semé d'étranges ruines, qu'on appelle également Cordes ou Cordoue, et d'où la vue s'étend si belle par delà les bois d'oranger qui font ceinture au golfe Juan, jusqu'aux îles de Lérins, Sainte-Marguerite, Saint-Honnorat, brillantes et blanches au milieu de la mer.

Partout la légende se rattachait aux souvenirs de l'occupation sarrazine, et partout il s'agissait d'une chèvre à la toison d'or, habitant une grotte pleine d'incalculables richesses, et menant à la mort l'homme assez audacieux pour essayer de la suivre ou de s'emparer d'elle.

Ainsi ma demi-hallucination s'explique de la façon la plus naturelle du monde.

La chaleur était accablante sous les pins, et, la tête encore lourde des bavardages de patron Ruf, il n'est pas étonnant que, m'étant endormi, j'aie rêvé trésors et qu'au réveil j'aie un instant pris pour la chèvre d'or la première chèvre venue.

Les chèvres rousses ne sont pas rares. A Naples je me souviens d'en avoir vu tout un troupeau au pied du tombeau de Virgile.

Si les sabots de ma chèvre luisaient avec des reflets de dia-

mant, c'est que sans doute elle les avaient polis à courir dans l'herbe sèche et les pierrailles. Si ses cornes luisaient aussi, c'est qu'elle aimait fourrager tête en avant, au milieu du feuillage dur des myrtes et des lentisques. Quant aux traces laissées par ses sabots, j'étais suffisamment géologue pour constater au seul examen du peu précieux caillou admiré de Ganteaume qu'il s'agissait bien d'un fragment de porphyre rouge où s'incrustaient des grains de mica.

La clavette pourtant m'intriguait. Je la montrai à l'aubergiste.

— « Ceci, me dit-il, en prenant un air grave, est une clavette de sonnaille ; mais bien qu'ayant, dans le temps, gardé les troupeaux, je n'en vis jamais la pareille. D'abord, si je ne me trompe, on la croirait en fin ivoire. Et puis remarquez ces dessins : les bergers d'aujourd'hui ne savent plus travailler ainsi. Ça doit être vieux comme les chemins. L'homme qui fit la clavette doit être mort depuis longtemps, et aussi la bête qui la portait au cou. »

Je jugeai inutile de détromper l'hôtelier en lui racontant comme quoi la chèvre qui avait perdu la clavette se trouvait vivante, et bien vivante. — « Que la clavette soit ou non ancienne, un morceau d'ivoire aura toujours pu tomber par hasard entre les mains d'un pâtre qui se sera amusé à le sculpter. »

Il n'en est pas moins vrai que si le pâtre en question, un pâtre quelconque, ou Ganteaume, en faisant la même trouvaille, avait vu, comme moi, fuir dans l'éblouissement du couchant une chèvre aux poils rutilants et fauves, si comme moi il avait remarqué sur les pierres que ses sabots effleuraient des taches d'un éclat métallique, rien ne l'eût empêché de croire que réellement la chèvre d'or lui était apparue.

J'aurais voulu être ce pâtre.

Je serais retourné au vallon chaque soir, ému de terreur et d'espérance, pour la guetter, pour la traquer malgré périls et précipices, par les lieux sauvages qu'elle hante, jusqu'au trésor, jusqu'à la grotte. Et cette naïve illusion aurait, du moins pendant quelques heures, pendant quelques mois, éclairé ma vie.

VII

AU BACCHUS NAVIGATEUR

Ganteaume ne revenant pas, je pris le parti de visiter le village.

Vrai nid à pirates, ce Puget, haut perché sur son roc d'où l'on voit la mer au lointain à travers les lances aiguës des végétations barbaresques.

Pas de remparts : les maisons en tenaient lieu, s'alignant au ras de l'abîme et percées de rares et étroites fenêtres qui pouvaient au besoin servir de meurtrières.

J'ai voulu faire tout le tour, descendre au vallon parcouru

hier, et j'ai reconnu la vieille porte par laquelle j'étais entré.

Au dedans, des ruelles en escalier, de longs couverts sombres et frais, puis, avec la fontaine et le lavoir, une placette entourée d'arcades blanches. Beaucoup de maisons vides, ouvertes à tous les vents. L'herbe y croît, la marjolaine y embaume dans les débris des plafonds effondrés; et c'est, entre les fenêtres sans volets ni vitres, et les toits dont les trous laissent voir le bleu du ciel, un chassé-croisé d'hirondelles.

Si je m'aventurais dans ce dédale? j'essaye, attiré par le pittoresque, mais je dois bientôt battre en retraite.

Hommes et femmes, assis sur les seuils, me regardent, oh! sans malveillance mais avec un étonnement marqué. Voilà bien les demi-sauvages que m'avait annoncé patron Ruf. Ils me saluent pourtant lorsque je les salue. Mais la rue leur appartient et je me sens intrus chez eux. Vite, retournons à la placette !

Ganteaume était là. Il me cherchait. « Depuis plus de deux heures ! » ajoute-t-il en bon Méridional amplificateur qu'il est déjà.

Quelqu'un m'attend, paraît-il, Monsieur Honnorat Gazan, le capitaine ami de patron Ruf.

Tardive lui a parlé de moi, et il a tenu à me faire le premier sa visite.

Je retourne donc à l'auberge, et gravis, toujours précédé de Ganteaume, son beau perron en pierre froide, à qui les chaussures paysannes et les glissades des gamins ont donné le poli du marbre vert, après avoir au préalable admiré, détail qui m'échappa ce matin, l'étonnante enseigne : —

Au Bacchus navigateur, — représentant un enfant joufflu, coiffé de raisins, à cheval sur un tonneau qu'assiégent les flots en furie.

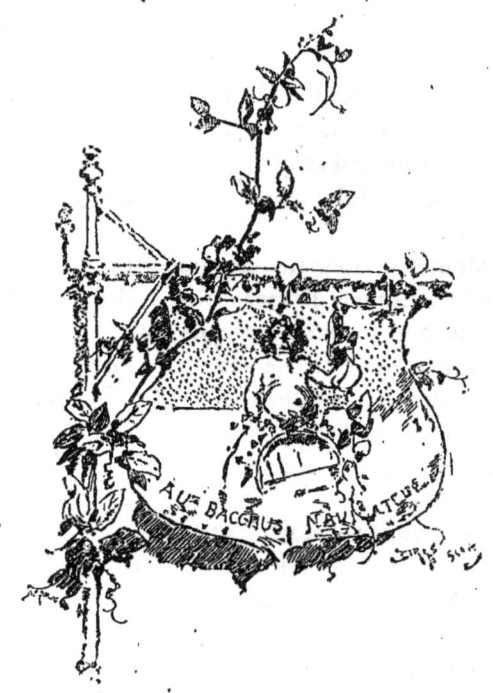

En effet Monsieur Honnorat m'attendait, tranquillement d'ailleurs, auprès d'une bouteille de muscat, dans la grande salle du Bacchus aussi obscure qu'un café arabe, les volets en étant fermés par crainte du soleil et des mouches.

On se serre la main à tâtons ; mais les yeux peu à peu

s'habituent au demi-jour, et la connaissance, grâce au muscat, se trouve au bout d'un moment faite et parfaite.

Monsieur Honnorat, Gazan Honnorat, est justement le maire du Puget. En cette qualité, il a la garde des archives, c'est-à-dire qu'il détient la clef d'un vieux coffre relégué dans un galetas.

— « Si vous n'avez peur ni de la poussière ni des rats, votre visite arrive à point. En fouillant dans nos paperasses vous leur rendrez un vrai service. Saladine, ma gouvernante, vieillit et les néglige. Elles doivent avoir grand besoin d'être époussetées. »

Au fond Monsieur Honnorat est plus savant qu'il ne voudrait le paraître. Comme j'expose mes projets, il m'avoue avoir lui-même dans le temps entrepris puis abandonné, un travail analogue à celui que je rêve : La monographie du Puget-Maure, ainsi nommé m'assure-t-il, parce que, grâce à une situation naturellement fortifiée, des Sarrazins s'y maintinrent même après la suprême défaite et la destruction du Fraxinet.

— « C'est fort curieux, et vous auriez dû...

— Oui ! j'aurais dû continuer. Mais que voulez-vous ? Les Provençaux, ceux d'ici en particulier, sont tous les mêmes. Jusqu'à cinquante ans, de la poudre ! et puis la paresse vous gagne, on engraisse et on devient Turc. »

Monsieur Honnorat me donne des détails.

Trop éloignés de la mer pour fuir, les habitants du Puget-Maure avaient dû se faire respecter. Assez tard, vers le quinzième siècle, ils s'étaient convertis tant bien que mal et mêlés aux gens du voisinage. Mais la race subsistait ainsi que

certaines coutumes caractéristiques. Et Monsieur Honnorat citait des familles : les Quitran, les Goiran, les Roustan, les Autran. — « Tous ces noms en *an* disait-il, sentent leur origine arabe. Nous en tenons aussi, nous autres les Gazan ; et, si vous avez de bons yeux, vous pourrez distinguer sur notre porte un restant d'écusson de tournure assez maugrabine. »

Je n'ai pas eu le temps de vérifier la valeur des théories ethnographiques et linguistiques du brave Monsieur Honnorat.

En tous cas, ces maigres et bruns paysans d'une distinction si sauvage sous leurs habits de laine couleur de la bête, représenteraient aisément des pirates fort convenables. Monsieur Honnorat lui-même, avec son grand nez, son air calme et digne, les sentences fatalistes qui, lorsqu'il retire sa pipe pour parler, roulent le long de sa forte barbe, plus rare près des oreilles et autour des lèvres, me fait par moment tout l'effet d'un vrai serviteur de prophète.

Mais le muscat est terminé, Monsieur Honnorat, à toute force, veut me montrer son château, me présenter à sa fille. Il est veuf, paraît-il, et possède une fille charmante. Nous voilà donc nous dirigeant vers le château planté au coin de la placette, château qui ressemblerait à toutes les maisons sans un assez beau portail d'aspect féodal et rustique et sans une tour à terrasse, jadis forteresse, aujourd'hui colombier, dont les murs revêtus sur trois faces, par le soleil, d'une croûte couleur de brioche, s'effritent sous l'influence de l'air salin du côté qui regarde la mer.

VIII

LES PAPILLONS BLANCS

— « Norette! Norette! » criait, de son creux d'ancien caboteur, M. Honnorat debout au pied de la tour. — « Norette!... » Mais Norette ne répondait point.

— « Ah! vous pouvez bien l'appeler jusqu'à demain, interrompit une voix irritée, mademoiselle a quitté le four, me laissant seul, avec tout le souci, aussitôt la fougasse faite. Maintenant Mademoiselle est sous les toits, à son grainage; et quand Mademoiselle est à son grainage, le Père Éternel pourrait tonner qu'elle ne se dérangerait pas. »

La personne qui, sans en être priée, se mêlait

ainsi à la conversation suivant le patriarcal usage de Provence était une grande femme maigre et sèche en qui tout de suite et même avant que M. Honnorat ne lui eût dit : « Posez donc vos pains pour vous fâcher plus à l'aise, Saladine ! » j'avais deviné la gouvernante du château des Gazan aussi dévouée que tyrannique.

Sur sa tête, classiquement couronnée du petit coussin rond des cariatides, elle portait en équilibre une large planche couverte de pains fumants et tenait sous le bras, dans une serviette, un de ces gâteaux minces, faits avec la pâte du pain que les ménagères étalent, la picotant du bout des doigts et l'arrosant d'huile, devant la gueule ouverte du four.

— « Voilà ! soupirait M. Honnorat, voilà ce qu'il nous aurait fallu tout à l'heure pour faire passer le muscat. On y pensera une autre fois ; goûtons-y tout de même en attendant. »

Je rompis un angle et déclarai, sans avoir besoin de mentir, la *fougasse* délicieuse. M. Honnorat, lui, ne se prononçait pas.

— « On y a peut-être épargné l'huile ?... » Mot imprudent qui aussitôt redéchaîna les fureurs de Saladine.

— « Épargné l'huile ? si vous pouvez dire ! La bouteille entière y a passé, une bouteille d'huile vierge dont chaque goutte vaut son pesant d'or. Seulement nous avons trouvé là cinq ou six femmes qui *cuisaient*, et Mlle Norette, comme toujours, a voulu arroser leur fougasse. C'est un gaspillage, un massacre. Si la pauvre Mme Gazan vivait !... »

M. Honnorat m'avait pris par le bras :

— « Je connais Saladine. Elle en a encore pour une

bonne petite heure à tempêter ; sauvons-nous sous les toits, vous verrez grainer, c'est intéressant. »

Un escalier noir, un palier noir ; puis une porte qui s'ouvre, et, dans le carré clair de la porte, un fourmillement d'argent et d'or.

— « Mademoiselle Gazan ; l'ami du patron Ruf... »

Instinctivement je salue ; et, la première surprise des yeux passée, je regarde autour de moi et me rends compte.

Nous sommes au grenier, un grenier où de toute part le soleil entre comme chez lui.

L'or, c'est des chapelets de cocons suspendus à des barres transversales et si serrés qu'ils forment tenture ; l'argent, des papillons blancs accrochés le long des cocons.

Prudemment, baissant la tête pour ne rien heurter, nous pénétrons dans le sanctuaire à la suite de Mlle Norette et de Ganteaume qui, depuis hier, s'est constitué son page.

M. Honnorat me raconte que Mlle Norette, la soie étant à vil prix et la graine au contraire se vendant très cher, a eu l'idée de faire exclusivement du grainage. Elle y réussit depuis deux ans. L'argent qu'elle gagne est pour elle. De tous temps, dans les familles de bonne bourgeoisie, l'élevage du ver-à-soie a été considéré comme occupation noble à laquelle on peut se livrer sans déchoir. La graine du Puget-Maure est recherchée car on ne fabrique pas de bonne graine partout. C'est un travail d'attention et de conscience. Il faut trier les cocons avec grand soin ; il faut examiner au microscope, suivant la méthode Pasteur, les papillons douteux ou malades...

Et le voilà qui m'explique tout en détail : les cocons de

choix mis en chapelets — il dit *filanes* — délicatement, l'aiguille dans la bourre, sans qu'elle offense le cocon; les papillons qui sortent, mâles et femelles, la femelle immobile, attendant, le mâle frissonnant du corps et des ailes; comme quoi les uns s'accouplent d'eux-mêmes, comme quoi il faut marier les autres et après cela les *démarier*, noyant les mâles inutiles désormais, tandis que les femelles, sur un cadre garni de toile, pondent leurs œufs, la graine! pareils à un semis serré de petites perles incolores d'abord, puis jaune paille, puis violettes, puis gris de plomb. D'autres ont des procédés compliqués, des sacs en mousseline, des casiers où chaque cocon est isolé. Lui s'en tient aux procédés simples...

Mais je ne l'écoute que vaguement.

Je regarde Mlle Norette, brune, frêle, presque une enfant, sauf la précocité orientale du corsage, Mlle Norette qui s'est remise au travail, et, souriante, sans penser à mal, avec une ingénue chasteté, une cruauté ingénue, de ses fins doigts ambrés marie et démarie les papillons femelles dont visiblement le cœur s'ouvre, les mâles tout vibrants d'une palpitation de désir.

IX

INSTALLATION DANS LA TOUR

Oui! une enfant, cette Mlle Norette. Tout à fait une enfant: ses yeux le disent, que rien ne semble inquiéter, très noirs, malicieux et doux, innocemment ouverts sur la vie.

Elle est femme par la volonté.

Ayant perdu sa mère à douze ans, entre un père ami du repos et la rugueuse Saladine, depuis c'est elle qui gouverne. Oh! sans paraître commander. Seulement, avec ses airs de bon tyran, M. Honnorat ne fait que ce qu'elle a bien voulu approuver d'avance, et, malgré ses colères et ses cris d'aigle, Saladine elle-même lui obéit.

Mlle Norette a dû vouloir que je m'installe au château, car M. Honnorat, à force d'instances, m'y a décidé, et, ce matin, Saladine me déménage.

Il paraît que le *Bacchus navigateur*, avec ma chambre attenante à la salle commune, et toujours pleine, par les trous de la cloison, du bruit des joueurs et du bourdonnement des mouches, n'était pas un logis convenable pour moi.

— « Et puis, me dit M. Honnorat, que penseraient les gens s'ils savaient que je laisse à l'auberge, comme des colporteurs ou bien des comédiens, le fils et l'ami du patron Ruf? »

J'ai donc quitté le *Bacchus navigateur* où je continuerai pourtant à prendre mes repas avec Ganteaume.

M. Honnorat nous offre, à Ganteaume et à moi, toute une tranche de sa tour.

La chose au Puget n'a rien qui choque. Habiter sous le même toit, même quand sous ce toit est une jeune fille, n'implique pas l'intimité. Les maisons ont souvent trois, quatre propriétaires ; chacun occupe son coin sans s'inquiéter du voisin, et, en cas de procès, on ne se reconnaît pas toujours aisément dans l'enchevêtrement des étages.

Retrait un peu haut, cette tour, mais charmant, comme fait pour moi.

Les archives sont au-dessus, dans une manière de galetas, ce qui rendra tout à fait commode mes recherches.

Et, pour ne pas perdre de temps, tandis que j'écoute, à travers le plancher, Saladine et Norette, l'une grondant l'autre riant, remuer des meubles, j'ai passé toute une après-midi délicieuse à secouer ces papiers jaunis, ces parchemins recroquevillés d'où monte le parfum des âges. Plusieurs chartes que je me réserve d'étudier, un *terrier* de 1400 où les noms de lieux sacrilégement travestis par nos employés au cadastre, les noms de famille disparus, apparaissent dans leur originelle vérité sous l'écorce d'un rude provençal paysan où d'un latin naïvement barbare.

Après le galetas, il y a la terrasse : terrasse à la mode du pays, bordée d'un haut parapet en bâtisse qui va diminuant, suivant la pente du toit dallé, de façon qu'à l'extrémité de la pente on puisse s'accouder pour voir le paysage et que, sur les trois autres faces, on trouve toujours un coin d'ombre fraîche en été, un coin de soleil en hiver.

Perché comme un guetteur, je pourrais au loin voir passer patron Ruf et sa voile blanche.

Un ruisseau chante sous la tour. Des sources invisibles filtrant au pied du rocher l'alimentent. Mais à cent mètres, le ruisseau cesse de luire dans le lit pierreux du vallon, tari tout de suite qu'il est par les saignées qu'y pratiquent les propriétaires d'une infinité de jardinets dont les muraillettes en pierre sèche vont dégringolant la montagne.

Ici on se rend très bien compte, topographiquement, de l'histoire du Puget-Maure.

Au temps jadis, avant les défrichements et les cultures, l'eau des sources devait descendre abondante jusqu'à la mer ; et l'aride calanque d'Aygues-Sèches servait alors d'aiguade aux marins.

Peut-être les Phéniciens et puis les Grecs eurent-ils là un petit port ? Mais à coup sûr les Sarrasins connurent la plage et y abritèrent leurs barques légères. Plus tard seulement ils montèrent et s'établirent au Puget demeuré tel qu'ils l'ont bâti, avec ses rues en escaliers où les maisons penchantes s'entrebaiseraient si de loin en loin une voûte, un arceau n'y mettaient bon ordre.

Gardent-ils quelque vague souvenir de leur origine, ces hommes qui, là-bas, leur travail fini, devant la vieille maison commune, accoudés comme moi au parapet d'une terrasse, contemplent obstinément, dans l'espérance de je ne sais quoi qui doit venir, la mer, le chemin bleu de l'antique patrie oubliée ?

Un « Monsieur ! hé ! Monsieur ! » interrompt mes réflexions archéologiques.

C'est Saladine inquiète, affairée, qui s'avance vers moi, se retournant pour voir si quelqu'un ne la suit pas.

Pourquoi ces airs mystérieux, et que peut bien me vouloir Saladine ?

X

CLAVETTE ET CLOCHETTE

Il paraît qu'en rangeant le léger bagage rapporté du *Bacchus navigateur* par Ganteaume, Mlle Norette s'est montrée fort surprise de découvrir, au milieu de mes livres et de mes papiers, la fameuse clavette en ivoire.

Elle a interrogé Ganteaume qui ne lui a rien appris sinon que la clavette m'appartenait. Maintenant elle voudrait savoir comment cette clavette est arrivée dans mes mains.

Je raconte alors très simplement à Saladine la rencontre que j'eus de l'étonnante chèvre jaune qui me fit tant courir tout le long du vallon, il y a trois jours, le soir même de mon arrivée.

« — Mais c'est Jeanne que vous avez rencontrée !

— Jeanne ?

— Oui, Jeanne, la chèvre de Mlle Norette, notre chèvre, qui précisément, ce jour-là, après avoir, tant elle est malicieuse, arraché avec ses cornes le piquet qui l'attache au pré, rentra son collier de travers, prêt à tomber, la lanière pendante, ayant perdu clavette et clochette. Voilà bien maintenant la clavette, mais c'est la clochette qu'il faudrait. Mlle Norette a pleuré, et M. Honnorat, s'il apprend cela, risque d'en faire une maladie... Une clochette en argent, Monsieur, que, depuis des cents et cents ans, les Gazan ont dans leur famille ! Si vous vous rappeliez l'endroit ? on pourrait peut-être la retrouver... »

Alors à son tour, timidement, Mlle Norette, qui attendait dans l'escalier le résultat de l'ambassade, s'est approchée.

« — Surtout, monsieur, je vous en prie, que mon père n'en sache rien. »

La nuit tombait. J'ai promis de retourner au vallon dès la première aube pour essayer de reconnaître le buisson que traversait la chèvre, quand, dans la nuit, il me sembla entendre quelque chose tinter.

Et ce matin je suis retourné au vallon. Singulier prélude à mes travaux savants que cette recherche d'une clochette égarée !

Heureusement le bloc de porphyre rouge sur lequel s'est un instant posée la chèvre pourra servir à me guider.

Voici bien le buisson, l'endroit où tomba la clavette, et, en

LA CHÈVRE D'OR

La Chèvre d'Or, par Paul Arène.   Bibliothèque de l'*Illustré Moderne*.

bas d'une pente rocheuse, polie au passage des paysans et de leurs bêtes, le trou d'eau où la clavette a dû rouler.

Quelque chose de blanc tremblait au fond : c'était la clochette.

Je l'ai retirée ruisselante, et tout de suite j'ai compris l'importance que M. Honnorat et Mlle Norette attachaient à sa possession.

Cette clochette, curieusement ouvragée dans le goût sarrazin, portait, en ourlet sur l'extrême bord, une manière d'arabesque que je pris d'abord pour un pur caprice ornemental, mais qui, plus attentivement examinée, me parut constituer une étrange inscription en grec très ancien mêlé de caractères coufiques.

Le tout me parut rentrer avec un singulier à propos dans le cadre de mes études.

Je songeais donc à transcrire l'inscription, me réservant — car je m'entends un peu en cryptographie — de la déchiffrer à loisir, quand Mlle Norette est accourue. Sa chèvre jaune la suivait, pareille d'ailleurs à toutes les chèvres et nullement fantastique au grand jour.

Mlle Norette m'a repris la clochette, riant et me remerciant ; elle l'a suspendue au cou de Jeanne qui aussitôt s'est mise à courir devant sa maîtresse vers le village.

M. Honnorat grondait lorsque nous rentrâmes :

« — Est-ce raisonnable, Norette, de fier ainsi cette clochette d'argent à la chèvre ? Un jour ou l'autre tu peux la perdre !

— Tu vois bien, père, qu'elle n'est pas perdue,

— Sans doute ! mais des gens l'ont vue. Cela fait toujours parler les gens. »

Et, de sa voix doucement entêtée :

« — J'aime assez faire parler les gens ! » disait Norette.

XI

PANIER DE SOUHAITS

Cette aventure a créé tout de suite une sorte de complicité entre Mlle Norette et moi.

Mlle Norette a voulu, accompagnée de Ganteaume qui ne la quitte plus d'un pas, me faire visiter de fond en comble, d'abord ma tour, décidément bien sarrazine, puis le château proprement dit, curieux encore quoique moins ancien.

Un petit logis Renaissance, mais bâti sur le plan des maisons arabes. De sorte que l'on s'étonne comme d'un anachronisme en découvrant, au plafond de l'escalier, presque méconnaissables, déjà sous les couches de chaux superposées, quelques naïfs bas-reliefs inspirés de l'Illiade; un Agamemnon portant la toque du roi François, une dame que, sans le nom de Briséis inscrit sur une banderolle, je prendrais pour Diane de Poitiers.

En revanche la cour a gardé un caractère oriental des plus

purs, avec son puits à margelle basse, ses niches creusées dans le mur pour servir d'étagères, le double rang de galeries par où s'éclairent les chambres sans ouvertures sur la rue, et l'énorme vigne centenaire qui, jaillissant d'un angle du sol carrelé, la recouvre presque tout entière de ses bras tortueux et noirs, de ses pampres chargés de grappes dans lesquels,à midi des pigeons roucoulent.

L'intérieur est un vrai musée.

Sans compter quelques portraits d'ancêtres suffisamment rébarbatifs, partout des tentures aux vives couleurs provenant de Smyrne et d'Alep, des armes damasquinées, des lampes de forme bizarre, des tabourets, des tables, des miroirs à incrustations de nacre font au milieu de meubles d'il y a cent ans le fouillis le plus bizarre du monde.

Rien d'ailleurs qui sente le culte du bibelot inconnu, Dieu merci, sur ces hauteurs, mais quelque chose de patriarcal, la trace laissée de plusieurs générations.

Mlle Norette m'explique qu'en effet on a de tous temps beaucoup voyagé dans la famille.

Puis elle ouvre un petit coffre en chêne cerclé de bandes de fer, et me montre des colliers en perles, en corail, ayant généralement pour agrafe une monnaie grecque ou bien une pierre gravée antique, des chapelets de sequins, de lourds bracelets d'argent, des gorgerins d'un style raffiné et barbare, toutes sortes de joyaux rapportés de très loin à des aïeules, des bisaïeules dont elle se rappelle les noms.

Je demande à voir la clochette. Mlle Norette se trouble; Mlle Norette, paraît-il, ne l'a plus. Elle l'a rendue à son père qui y tient beaucoup, comme souvenir.

« Surtout ne lui racontez pas ce qui est arrivé, ne lui dites jamais que vous l'avez eue entre les mains. »

Et pour rompre une conversation qui la gêne, tout au fond du coffre elle découvre un corbillon d'osier tressé. Quelles richesses nouvelles renferme-t-il sous le carré de vieux satin qui précieusement l'enveloppe ?

Un œuf, un grain de sel, un morceau de pain bis et un petit bâton portant un brin de laine au bout.

« Ce sont les souhaits ! dit Norette.

— Les souhaits ?

— Oui ! les souhaits et les présents que l'on m'apporta dans mon berceau lorsque j'étais âgée d'un jour.

— Comme au temps des fées ?

— Précisément. Mais depuis longtemps les fées étant mortes, quatre vieilles femmes, généralement, les remplacent, des voisines ou des amies, respectueuses des usages, qui se donnent quand il y a quelque part une fillette nouveau-née, cette importante mission. L'idée leur en vient tout à coup, au four, au lavoir, en causant du beau temps et de la pluie. La chose décidée, elles passent leur robe de grand'-messe, un bonnet de neuf repassé et se présentent. Le petit bâton qui symbolise une quenouille est là pour que la fillette en grandissant devienne active et laborieuse ; le sel, pour qu'elle reste pure ; le pain, pour qu'elle soit bonne comme le bon pain...

— Et l'œuf, demande Ganteaume, à quoi sert l'œuf ?

— L'œuf, répond Norette, avec le plus grand sérieux, est pour qu'elle fasse un heureux mariage et pour qu'elle ait beaucoup d'enfants ! »

XII

LE TURBAN DU GRAND-ONCLE IMBERT

Mais le dîner doit être prêt et M. Honnorat nous appelle.

On me présente au curé, l'abbé Sébe, un petit homme noir comme une taupe qu'on a invité en mon honneur.

Il ne parle pas beaucoup, l'abbé Sébé! par timidité peut-être, peut-être aussi parce que toute l'attention dont le saint homme est capable se trouve accaparée par un civet qui vraiment donne haute idée des talents culinaires de Saladine.

Au contraire, M. Honnorat est fort expansif. La serviette au cou, il nous fait l'histoire des Gazan ses aïeux, tous marins ou bien médecins. Et je me les figure, je les vois : les uns savants comme Averroës et Avicenne, les autres dépensant sur mer, en caravanes, l'ardeur aventureuse restée dans leur sang.

M. Honnorat, lui, serait plutôt du genre mixte. On le

destinait d'abord à la médecine, mais le voyage l'a tenté.

Il me raconte ses navigations dans le Levant, il m'énumère les Échelles : Corfou, Négrepont, Samagouste, toutes sortes de noms qui, prononcés par lui, évoquent aussitôt des visions de villes à dômes et à minarets, avec des quais encombrés de ballots, peuplés de nègres mangeurs de pastèques, au milieu des odeurs de goudron fondu et des épices.

Mlle Norette l'interrompt parfois d'un « est-ce bien vrai, père ? » qui soudain fait entrer le bonhomme dans de comiques colères feintes à moitié.

Que ceci n'étonne point ! De tous temps, les Orientaux furent grands conteurs, et c'est peut-être un reflet des *Mille et une Nuits* qui colore si pittoresquement les imaginations méridionales.

Il s'agit maintenant de l'arrière-grand-oncle Imbert, Imbert-Pacha, comme on disait, qui, parti mousse sur ses douze ans, avait à peu près parcouru toutes les mers dans un temps où les marins ne connaissaient que la voile et où il y avait vraiment quelque mérite à naviguer.

Après un certain nombre de fortunes faites et aussitôt mangées, grand-oncle Imbert, le futur Imbert-Pacha, se trouvait un jour en qualité de simple matelot dans un riche port d'Arabie.

Le bateau amarré complétait son chargement, l'équipage courait les cafés de la ville. Et grand-oncle Imbert, dont la bourse était vide, essayait de tuer le temps en se promenant sur le quai.

Un quai superbe, et long, et large, avec des dalles de marbre blanc dont la réverbération brûlait les yeux !

Quelqu'un vint à passer, un gros personnage du pays sans doute, vêtu de soie, couvert de bijoux, traînant un manteau tout en perles, et flanqué de deux belles esclaves qui l'abritaient d'un parasol et l'éventaient d'un éventail.

Machinalement, grand-oncle Imbert se mit à le suivre, marchant dans son ombre, la seule ombre qui fut sur le quai, et, en lui-même il se disait : « Mon pauvre Imbert, que tu t'ennuies! mais en voilà un, par exemple, qui n'a pas l'air de s'ennuyer. »

Tout à coup, l'homme aux deux esclaves sortit un mouchoir brodé de sa poche, se le passa sur le visage et s'écria :

« *Couquin de Diou, qunto calour !* »

Étonné d'entendre un Turc se plaindre de la chaleur en marseillais, grand-oncle Imbert lui tape sur l'épaule :

« *Quant voles jugé que sies Prouvençàu ?* »

S'il était Provençal? Jugez : un cousin, un Gazan de la branche aînée dont la famille avait perdu la trace et qui était là-bas quelque chose comme prince ou roi.

« C'est même à cette occasion, concluait M. Honnorat, que grand-oncle Imbert prit le turban pour quelques années.

— Il prit le turban ? interrompt l'abbé.

— Oui! il prit le turban, il se fit Turc. L'homme a besoin de religion et toutes les religions sont bonnes. D'ailleurs, son turban nous l'avons encore... Tiens, Ganteaume, prends l'escabeau et descends-moi le turban de grand-oncle Imbert, là, sur l'armoire. »

Ganteaume descendit le turban, un gros turban jaune et se l'essaya.

« Elles sont toutes bonnes, les religions! insistait M. Honnorat; la religion musulmane surtout. Allah!... Allah!... »

Un tableau comique et charmant; M. Honnorat convaincu, l'abbé n'osant pas se fâcher, Saladine scandalisée, ses grands longs bras maigres au ciel, et Norette qui riait aux larmes.

XIII

LE PASSAGE D'ANE

Dans cette originale maison, presque confortable grâce à Norette, où les chambres n'ignorent pas les tapis, où partout, sur les paliers et les degrés reluit la brique vernissée, un détail m'étonne : le corridor.

Pour s'harmoniser à l'élégance de sa voûte, il faudrait là, usé au besoin, quelque dallage héraldique en belle faïence blanche et bleue comme en fabriquaient Moustiers ou Varages.

Mais non! le corridor est pavé; la rue s'y continue, poussant sauvagement jusqu'au bas de l'escalier les terribles galets pointus dont le village se hérisse.

Très plaisants d'aspect ces galets, polis qu'ils sont et devenus net comme marbre sous l'opiniâtre travail de Saladine, à qui son obstination balayante a valu le surnom de Gratte-Caillou.

« *Dàu, brato-caillàu !* », lui crient les gamins quand elle veut les empêcher de piller ses figues.

Et je regrette de n'être pas géologue, car j'aurais là, variés et multicolores, comme derrière la glace d'une vitrine, des spécimens de toutes les roches alpestres que nos torrents roulent à la mer.

Mais ils restent pointus quand même, ces galets ! « La mort des pieds », dit Saladine ; et Mlle Norette dissimule mal l'ennui qu'elle a de ne pouvoir aller à sa porte en pantoufles.

J'ai interrogé Mlle Norette.

Elle m'a répondu : « C'est le chemin d'âne ! » et s'est tue, son œil noir, un peu endormi, s'allumant soudain de colère.

Plus calme, M. Honnorat a bien voulu m'expliquer la chose.

Avec la manie des partages particulière aux Provençaux, les immeubles à chaque succession nouvelle s'émiettent partagés entre tous les co-héritiers. Qui veut être chez soi doit racheter pièce par pièce ; et je sais des bicoques, qui pour revenir dans la main d'un seul propriétaire, ont exigé plus d'efforts et de diplomatie que n'en a mis la France à faire son unité.

Or le château n'appartient pas en entier aux Gazan, ce qui serait le rêve de Mlle Norette.

Depuis qu'elle travaille à le réaliser, Mlle Norette a pu, profitant d'une mort, obtenir par l'échange d'un bout de pré, les appartements du cinquième ; elle a pu, moyennant quelques sacrifices, évincer un cordonnier qui battait son cuir dans le salon coquet du rez-de-chaussée.

Mais il reste à conquérir l'écurie qui vaut bien 50 francs,

La Chèvre d'Or, par Paul Arène. Bibliothèque de l'Illustré Moderne.

largement payée et dont elle donnerait volontiers mille, car cet obscur réduit, situé tout au fond de la maison, comporte servitude.

Les papiers sont formels :

« Item, le propriétaire de l'écurie aura droit perpétuellement au passage qui sera pavé afin qu'âne chargé n'y glisse. »

Et, pour la commodité d'un âne, Mlle Norette qui enrage, meurtrit chaque jour ses petits pieds.

Si au moins l'âne existait !

Non ; c'est un âne hypothétique, un être de raison, une fiction d'âne.

Il y en avait bien un autrefois que son maître, ce gueux de Galfar, lointain cousin avec qui les Gazan sont brouillés, appelait Saladin à la grande fureur de Saladine. Mais voici beau temps que Galfar, coureur de cabarets, joueur comme les cartes, l'a perdu dans une partie de vendôme.

Ce qui ne l'empêche pas de garder l'écurie dont il fait sa chambre les jours où, avec son fusil et ses chiens, — Galfar est aussi un tantinet braconnier, — il monte au village ; et d'exiger, insolent et narquois, le maintien du chemin d'âne, ni plus ni moins que si l'âne était toujours là.

XIV

LA FÊTE DE L'ÉMIR

Hier, au tomber du jour, un gamin sans chapeau, très grave, a parcouru les rues du village.

Tous les vingt pas il s'arrêtait et, soufflant dans un coquillage énorme dont la pointe cassée exprès forme embouchure, il en tirait une sorte de mugissement prolongé et mélancolique.

Puis il faisait *le cri*, prologue de la fête, et les gens, non moins graves que lui, l'écoutaient.

J'ai reconnu Ganteaume qui, Dieu sait au prix de quelles intrigues, a obtenu que, pour un soir, on lui confiât les fonctions de héraut.

Ce matin, par les sentiers blancs qui rayent le flanc des montagnes et descendent au vallon pour remonter ensuite vers le Puget, hommes, femmes, enfants, viennent des villages voisins en caravane.

Le Puget s'apprête pour les recevoir dignement. Les agneaux crient, les brebis bêlent. Dans toutes les cours, sur toutes les portes, des bouchers improvisés, bras nus, le couteau aux dents, saignent, écorchent et dépècent.

L'hospitalité se complique de gloriole. C'est à qui hébergera le plus d'amis, de parents lointains. Et, tandis que ménagères et servantes dressent les tables, montent les broches et entassent la braise autour des marmites, les peaux clouées fraîches et sanglantes sur la façade de chaque maison apprennent à l'admiration du passant le nombre des bêtes qui vont y être mangées.

Des coups de fusil, des chants d'église.

— « Courons, dit Ganteaume, la bravade ! »

Les pénitents apportent le Saint qu'ils sont allés chercher en pompe dans la montagne. Ils ont orné l'immémoriale statue de grappes de raisin nouveau. Sous son brancard d'où pend une étole, les enfants passent et repassent, sûrs par ce moyen de devenir forts et courageux ; et en avant de la procession, les jeunes gens, pour honorer le saint, font parler la poudre.

Après, on le ramènera là-haut, à la chapelle solitaire qu'il habite toute l'année, debout sur l'autel et regardant, de ses yeux de bois, par l'étroite fenêtre grillée à travers laquelle, parfois, quelque rare pèlerin jette un sou, le roc qui domine la chapelle, violet de lavande au printemps et gris dès le mois d'août, sous sa couche d'herbes brûlées.

La nuit nous promet d'autres joies.

Après le souper, qui a lieu à huit heures selon l'usage, il m'a fallu, en compagnie de M. Gazan et de Norette, aller voir les danses.

J'espérais un bal, pas du tout! ici les femmes ne dansent pas; la danse est un exercice viril réservé aux hommes.

Sur deux rangs, portant des épées, au son du tambourin, à la clarté des torches, une douzaine de gaillards costumés bizarrement ont d'abord exécuté un quadrille guerrier à figures nombreuses et compliquées que l'abbé Sèbe, par qui nous venons d'être rejoints, nous assure être la pyrrhique. Puis, autour d'un mai chargé de longs rubans multicolores, croisant, décroisant les rubans, ils combinent d'un pas rythmé les plus gracieux entrelacs. Tout cela constitue un amusant mélange de rococo et de sauvagerie, comme le souvenir tant bien que mal conservé de galants divertissements organisés jadis dans ce coin perdu, âprement rustique, par une châtelaine éprise de Watteau.

L'abbé Sèbe, grand païen malgré sa soutane, m'explique, avec citations à l'appui, que c'est là un jeu traditionnel apporté en Provence par les marins phocéens et représentant les détours du labyrinthe de Crète.

Il explique tout, l'abbé Sèbe, mais il ne m'explique pas le Turc.

Car c'est devant un Turc qu'ont lieu ces danses, un bel émir à barbe postiche qui, comme si la fête était donnée en son honneur, reste immobile, laissant les autres s'agiter avec une sérénité toute orientale.

Et quel turban! un instant je soupçonne Ganteaume de s'être approprié pour la circonstance le couvre-chef d'Imbert-

Pacha. Mais l'émir est de haute taille, il ferait aisément deux Ganteaume à lui seul. Et d'ailleurs, voilà dans la foule, au premier rang, Ganteaume très fier de porter une torche.

On dirait que l'émir me regarde, fixant sur moi, par intervalles, ses yeux brillants que rendent farouches deux sourcils tracés au bouchon.

Que me veut l'émir ?

Sait-il mon faible pour les turqueries ? A-t-il deviné que je suis venu ici tout exprès pour chercher la trace des chevaleresques conquérants qu'inconsciemment il représente ? Au fond, quoi qu'en pense l'abbé Sèbe, avec sa manie de ne voir partout que Grecs et Romains, dans le rôle joué par cet émir barbu, je flaire à bon droit une tradition sarrazine.

Il s'approche, si je lui parlais...

Mais Mlle Norette semble avoir peur. Elle déclare qu'il fait froid, qu'il faudrait rentrer. Rentrons pour obéir à Mlle Norette.

XV

LE COUSIN GALFAR

Ce n'est pas par sympathie que l'émir me regardait. Nous venons de nous rencontrer devant la porte des Gazan. Il était là comme chez lui, appuyé au mur et fumant, le fusil sur l'épaule, son chien à ses pieds.

Un solide gaillard, ma foi ! une manière de brigand corse, vêtu de velours, le poil en broussaille; avec cela je ne sais quel air de jeune assurance, et, dans sa figure hâlée, de grands yeux bleus hardis et doux.

Où diantre ai-je vu ce beau sauvage ? car certainement je l'ai déjà vu.

A tout hasard, je le salue. Lui s'incline poliment, non sans intention d'ironie. Mais, au moment où je m'apprête à lui adresser la parole, il siffle son chien et s'en va.

— « Eh bien, vous le connaissez, maintenant! me crie Saladine. C'est Galfar, le cousin, l'homme au chemin d'âne. On était content depuis deux mois de n'avoir plus de ses nouvelles. Le voilà revenu maintenant, sans doute avec quelque mauvais coup en tête. Drôle d'idée que les gens ont eue tout de même de choisir un pareil chrétien pour faire le Turc.

— Vous savez bien, interrompt M. Honnorat, que, d'après la coutume, le Turc doit sortir de notre famille. Il est donc naturel qu'à mon refus... »

M. Honnorat dit « à mon refus » d'un ton contraint, presque vexé. Peut-être ne lui a-t-on pas offert de faire le Turc cette année, peut-être aussi Norette n'a-t-elle pas voulu. Cependant je me représente M. Honnorat, le grave M. Honnorat faisant le Turc : image qui me remplit de joie.

— « Choisir ce Galfar, si c'est Dieu possible! »

Ce Galfar, à première vue, ne me paraît pas précisément un méchant diable. Pourtant, s'il faut en croire la rancunière Saladine, j'aurais tort de me fier aux apparences.

C'est un mange-tout, un songe-têtes, le digne fils des vieux Galfar, riches jadis, mais prodigues, tenant maison ouverte, et sous prétexte de cousinage, — tout le monde est cousin quand on cherche, — logeant et nourrissant des mois entiers les premiers venus.

— « Une fois, chez eux, du temps de l'arrière-grand-père, il y eut pour le souper de Noël quarante-deux personnes à table et quinze peaux de brebis encadrant le rond du portail, et des personnes se souviennent avoir vu sur leur perron, du jour de l'an à la Saint-Silvestre, une table couverte d'une nappe blanche avec un verre et une cruche de vin, aussitôt vidée, aussitôt remplie, gratis, à la disposition de qui avait soif et passait.

En la gouvernant ainsi, une fortune est vite fondue, surtout quand les procès arrivent.

L'une après l'autre, peu à peu, toutes les terres se vendirent et maintenant les Galfar sont si pauvres qu'ils pourraient, sans crainte des voleurs, fermer leur porte avec un buisson.

Il ne leur reste qu'un petit bien dont les huissiers n'ont pas voulu et sur lequel ils vivent. Le père essaie de le cultiver, mais il s'est mis trop tard à la pioche; être paysan ne s'apprend pas dans les collèges! après avoir couru, navigué, essayé de tous les métiers, un matin, le fils est revenu : il fait de la poudre en contrebande et braconne; la mère, travaillée d'orgueil et d'idées noires, n'a pas assez de la journée pour pleurer les larmes de son corps.

— Et c'est depuis la ruine que les deux familles sont brouillées ?

— Non pas! M. Honnorat voulait au contraire se rapprocher d'eux, leur venir en aide. Les Galfar n'ont pas répondu. Galfars et Gazans naissent en guerre; ils tètent ça avec le lait. »

Saladine n'exagérait pas.

J'ai eu beau interroger sur ce point M. Honnorat et Norette; j'aurais beau sans doute interroger le cousin Galfar. Peine perdue! ils sont ennemis, voilà ce qu'ils savent; mais les uns pas plus que les autres ne pourraient me dire pourquoi.

XVI

A MONTE-CARLO.

Ganteaume est venu m'éveiller, rayonnant, plein d'enthousiasme.

Hier, au *Bacchus Navigateur*, où il dînait seul en m'attendant, ainsi que cela lui arrive parfois, pendant que je courais la montagne, Ganteaume a entendu causer le Turc. Or, ce Turc me connaît, paraît-il, et racontait sur moi des choses étranges.

Mais il faut ici que j'ouvre une parenthèse et que je fasse un pénible aveu.

Pas très loin du Puget-Maure — huit ou dix heures de voyage, mais l'oiseau d'un coup d'aile franchirait les quelques bois de chênes lièges ou de pins, les quelques montagnettes brûlées et les quelques promontoires blancs qui l'en séparent — est un singulier pays par ses habitants appelés *Mounègue*, mais plus connu pour les Français sous le sobriquet italien de *Monaco*.

M. Honnorat prétend même — laissons-lui la responsabilité de cette affirmation — que, par certains jours clairs, avec une bonne lunette, on peut du haut de ma tour découvrir, sur son roc trempant dans la mer, le vieux Monaco moyen âge; plus bas Monte-Carlo, ses jardins de marbre, ses palais, et entre eux, le petit port d'Hercule où des tartanes se balancent.

Je vois mieux cela dans le souvenir.

Et surtout je me vois moi-même, il n'y a pas deux mois, accoudé aux balustres d'une terrasse, respirant l'air salin qui m'apporte l'odeur des myrtes, écoutant les palmiers chanter, admirant la splendeur frissonnante du golfe.

Personne encore! et, au milieu de ce décor féerique miparti de nature et d'art, une délicieuse et paradoxale solitude.

Mais six heures sonnent, un train siffle : le train de Nice avec son chargement quotidien de joueuses et de joueurs.

Par les rampes en escalier où déjà les gaz s'allument dans le jour mourant, la foule défile.

Des hommes fiévreux, mais corrects; des femmes plus visiblement passionnées, dissimulant moins leur impatience de se retremper au bain d'or. Et maintenant laissons briller là-haut les inutiles étoiles qu'aucun regard ne cherchera! De troublants parfums féminins ont remplacé l'odeur des roses; les palmiers et les flots cessent leur dialogue, semblant exprès faire silence pour qu'on entende seul le bruit des louis remués.

Avant ma retraite chez patron Ruf et sur le point de

mettre à exécution mes projets de sagesse définitive, j'avais donc voulu, je l'avoue, goûter une dernière fois aux sensations violemment contrastées que Monte-Carlo peut procurer.

Passant mes journées en plein air, rêvant de Virgile sous les pins, ou m'endormant en compagnie de Théocrite au creux d'un rocher, sur le rivage, j'éprouvais le soir une âpre joie à me mesurer, tantôt vainqueur, tantôt vaincu, avec l'Or, César méprisable et tout-puissant qui commande au monde.

Bref! une semaine durant, ayant affecté une certaine somme à cet usage, j'exerçai l'état de joueur et de beau joueur, paraît-il, car la nuit où je perdis mon dernier écu, les beautés cosmopolites du lieu, Américaines, Moscovites, parurent compatir à ma peine, et le grand diable de laquais à gilet rouge, providence des gosiers rendus arides par l'angoisse, m'offrit sur un plateau d'argent le traditionnel verre d'eau pure avec une visible considération.

Il y a mieux!

Un de ces honorables chevaliers, professeurs sans diplôme de roulette et de trente et quarante, dont l'industrie consiste à révéler les arcanes de l'art aux joueurs novices, et à leur apprendre, Midas en redingote râpée, la marche infaillible pour faire sauter la banque chaque soir, monsieur Pascal, oui! monsieur Blaise Pascal vint me retrouver.

Il avait bien, ce M. Blaise, un titre à désinence italienne, et, sur ses cartes, quelque chose ressemblant à une couronne de comte, mais on l'appelait plus volontiers à Monaco Blaise Pascal, car il n'acceptait jamais rien pour ses consultations, se contentant de vous faire souscrire — cela coûtait généralement un louis ou deux, — à une édition avec notes, et commentaires, prête à paraître le lendemain depuis vingt ans, du *Traité de la roulette* que composa, comme chacun sait, l'illustre auteur des *Provinciales*.

« Historia Trochoïdis sive cycloïdis, gallice *la Roulette*. »

Un mystificateur avait soufflé cette idée au bon professeur de martingale, lequel, sur la foi du livre imprimé chez Guillaume Desprès, rue Saint-Jacques, à l'image Saint-Prosper, traitait Blaise Pascal en confrère et ne doutait pas qu'il eût été un illustre grec du temps de Louis XIV.

Lieu de l'entrevue : la place du palais des jeux, devant le grand café qui fait face à l'hôtel et par delà ses toits regarde la Turbie ; car, depuis longtemps, M. Pascal n'était plus admis à pénétrer dans les salons.

— « Il paraît, me dit-il après s'être offert un verre d'absinthe, tribut volontiers accepté par moi en échange de ses bavardages parfois amusants ; il paraît que vous repartez pous Paris. Décidément la bille ne vous aime pas non plus que les cartes, et vous avez raison de renoncer à les attendrir. »

Je m'inclinai, témoignant par là combien cette constatation tardive me paraissait justifiée.

— « Mais j'ai mieux à vous proposer.

— Ne vous gênez pas, proposez, mon cher monsieur Blaise.

— Une affaire immense, *stoupendo*, — M. Blaise baragouinait italien aux moments de grande émotion — une affaire étonnante, *miravigliosa*, des millions, des milliards, de quoi acheter Monte-Carlo, Monaco et la France entière, rien qu'avec une mise de fonds misérable, dix mille, quinze mille francs tout au plus. »

Et le voilà me racontant je ne sais quelle nébuleuse histoire de trésor caché, de secret surpris par un matelot. Il ne s'agissait plus, et pour cela l'argent était nécessaire, que de mettre la main sur de vieux papiers, des manuscrits, surtout un mystérieux objet dont le détenteur ne voulait pas se dessaisir. Le matelot s'en chargeait ; *ma* il fallait de l'argent pour cela, *oun pétit arzent*.

En tout autre endroit, la proposition m'eût fait sourire. Elle n'avait rien d'extraordinaire à Monaco, où j'ai vu se brasser, entre gens d'ailleurs convaincus, des affaires bien autrement chimériques.

Et puis, pourquoi marchander l'espérance à cet excellent M. Pascal? Je ne lui dis ni oui ni non, demandant à réfléchir, promettant une réponse aussitôt mon retour, poussant même la condescendance jusqu'à me laisser présenter le matelot en question, que nous trouvâmes abominablement ivre dans un cabaret de la Condamine.

Je ne m'étonne plus, quand je le rencontrai, d'avoir trouvé au beau Galfar un air d'ancienne connaissance.

Le matelot ivre, l'homme au trésor, je m'en rends compte, c'était lui !

Dans son long récit, écouté par moi d'une oreille relativement distraite, maître Blaise Pascal a-t-il, à propos de trésor, prononcé le nom du Puget-Maure, et Galfar, au milieu de ses effusions affectueuses, auxquelles j'eus quelque peine à me soustraire, laissa-t-il par hasard échapper le mot de Chèvre

La Chèvre d'Or, par Paul Arène.   Bibliothèque de l'Illustré Moderne.

d'or? C'est ce que je ne saurais me rappeler, et en tout cas je ne le remarquai point.

Cependant Galfar s'imagine, non sans une apparente vraisemblance, que je suis venu au Puget traîtreusement, sur les indications de maître Blaise Pascal et les siennes, que je veux conquérir à moi tout seul les trésors de la Chèvre d'or, et que mes courses à travers champs, l'attention que je prête aux papiers anciens, mon intimité même avec M. Gazan et Norette, n'ont d'autre but que la découverte du secret.

Tel est le résumé du rapport ému que m'a fait Ganteaume touchant la conversation par lui surprise, hier, au *Bacchus navigateur*.

XVII

LES CHASSES DU CURÉ

C'est à croire positivement que la chèvre existe.

Depuis le jour où, tirant sur sa pipe et raillant, patron Ruf m'en parlait à la calanque d'Aygues-Sèches; depuis ma rencontre, le soir, dans le vallon, avec *Misé Jano*, — car tout le monde l'appelle Mademoiselle; l'espiègle et cabriolante favorite de Norette ! — et la trouvaille que je fis d'un clef de collier perdue par elle; voici la troisième fois que cette endiablée Chèvre d'or se met en travers de mon chemin.

Dieu sait que j'étais venu au Puget-Maure sans intention criminelle et que certes, en arrivant, je songeais à tout, excepté à la chèvre d'or. Mais puisque on me soupçonne, puisqu'on m'accuse, puisque Galfar et le ciel lui-même semblent d'accord pour m'y pousser, je vais délibérément me mettre à la poursuite du joli monstre au pelage roux; et, je le jure par ses cornes, avant huit jours j'aurai découvert ce qui se cache de vérité sous la pittoresque légende à travers laquelle il galope.

Qui interroger cependant?...

Les gens du village? Ils sont, hélas! peu communicatifs, et la moindre question imprudemment posée leur ferait partager aussitôt les méfiances dont Galfar m'honore.

M. Honnorat? Selon ce que Ganteaume m'a rapporté des discours de Galfar, les Gazan doivent être plus ou moins directement mêlés à ces histoires de trésors cachés et de chèvre. D'ailleurs, comment parler de la Chèvre d'or à M. Honnorat sans lui parler aussi de la mystérieuse clochette? Or, Norette, — pourquoi? — exige que je me taise sur ce point.

D'un autre côté, marcher seul ne me paraît pas bien commode.

Le hasard m'a secouru en amenant chez moi l'abbé Sèbe, juste au moment où, en désespoir de cause, je m'apprêtais à me rendre chez lui.

Nous sommes maintenant amis inséparables.

Je me sentais d'abord médiocrement porté, à vrai dire, vers ce garçon trop bien portant, parlant haut, buvant dur, d'allure restée paysanne, et plus semblable avec sa soutane rapiécée,

sa barbe qu'il rase seulement tous les huit jours, à un marabout musulman qu'à un ministre de l'Evangile.

Mais il tenait à faire ma connaissance, et, vers quelque point de l'horizon que je dirigeasse mes promenades, j'étais certain, dans les sentiers caillouteux blancs sous le soleil, d'apercevoir, doublée par son ombre, la noire silhouette de l'abbé Sèbe.

Je le fuyais, évitant son coup de chapeau, craignant qu'il ne voulût me convertir.

Erreur ! L'abbé Sèbe laisse la gloire et le souci des conversions à de plus dignes. Il baptise, marie, enterre, se fiant au Père-Eternel pour le surplus, et très satisfait s'il réussit à mener, sans trop d'accidents, d'un bout à l'autre de l'année, le troupeau mécréant dont le destin l'a fait pasteur.

Le matin où, vaincu par tant d'insistance, je m'arrêtai et lui parlai, à travers la brosse de sa barbe, sa peau brune se colora d'une enfantine rougeur, et cet homme de Dieu, incapable de dissimuler une vraie joie, m'écrasa les phalanges d'une poignée de main si cordiale que tout de suite je devinai qu'avant de porter calice et ciboire, il avait, montagnard frotté de latin appris à l'étable pendant l'hiver, plusieurs années poussé la charrue dans l'humble ferme paternelle.

Savant à sa manière, grand amateur de pots cassés, grand collectionneur des sous antiques que les paysans ramassent parfois à fleur de sol après la pluie, et ne rentrant au presbytère que les poches bourrées de cailloux, l'abbé Sèbe, — depuis que M. Honnorat, aimable jadis, s'enfonce dans une paresse de plus en plus turque, — n'est pas fâché de trouver

quelqu'un à qui confier le trop-plein de ses observations et de ses pensées.

Je m'intéresse aux Romains qu'il aime; lui s'efforce, sans bien comprendre, pour s'intéresser à mes recherches mi-parties rustiques et sarrazines. Mais c'est mon fusil, j'en suis certain, qui finira par faire de lui un orientaliste distingué.

Oui! mon fusil. Lorsque je vais à travers champs, j'emporte toujours un fusil en manière de contenance. Chasseur dans l'âme et fin tireur, l'abbé souffrait de me voir promener, sans jamais m'en servir, ce fusil ridiculement inutile.

Un jour, loin du village, et sûr de n'être vu par personne, il me le prit des mains, histoire de rire, pour essayer.

Il essaya et tua un lièvre.

Le lendemain, il essayait encore, et décimait une compagnie de perdrix.

Deux fois je rapportai mon carnier plein, ce qui, tout en stupéfiant M. Honnorat, me donna de la considération dans le village.

Et depuis, c'est chose entendue : Quand nous sortons, ma cueillette érudite faite, je m'étends à l'ombre d'un roc, sous un arbre, et livre le fusil avec les cartouches au bon abbé qui, la soutane retroussée, montrant ses souliers à clous, son pantalon de bure roussi dans le bas par la terre, se met à poursuivre perdrix et lièvres.

Nous y trouvons notre compte tous les deux.

L'abbé, pris d'une subite ferveur scientifique, m'indique des restes curieux de constructions, me signale les noms de famille ou de quartier paraissant se rattacher à l'ensemble de mes recherches ; mais, coïncidence bizarre, partout où l'abbé connaît quelque chose qu'il juge digne de m'être montré, nous rencontrons toujours, par surcroît, un lièvre qui attend au gîte ou des perdreaux mûrs pour le plomb.

XVIII

L'ERMITAGE

Il doit gîter au moins deux lièvres du côté de l'ermitage ; pour un seul, à coup sûr, l'abbé Sèbe ne me mènerait pas si loin.

Car il est très haut perché cet ermitage, et le chemin n'en finit pas de grimper entre des rochers d'une surprenante sécheresse.

Mais l'abbé m'a promis des ruines.

Les ruines y sont, les lièvres aussi. L'abbé tue un lièvre d'abord, réservant, j'imagine, le meurtre du second pour égayer notre retour, et puis, nous visitons les ruines.

Elles consistent en une petite chapelle romane couverte d'un toit dallé sur lequel ont librement poussé les herbes et les ronces ; plus un amas de plâtras au bout d'un carré clos de murs, qui furent le logis et le cimetière des ermites ; et, par devant, à l'alignement du chemin, une fontaine armoriée que quelques ornements, visibles encore sous la mousse, me firent supposer des commencements de la Renaissance.

Tout cela, sans doute, a du caractère, mais sans intérêt bien spécial pour moi.

Cependant, sur le mur de la chapelle qui regarde à l'Est, dans un angle, l'abbé me fait remarquer un cadran solaire en crépi, notablement désagrégé par la pluie et le vent de mer. Un cartouche le surmonte, avec quelques lettres en noir, restes d'une inscription. L'abbé, quoiqu'il se souvienne avoir vu l'inscription presque entière, ne peut pas m'en dire le sens. C'était, paraît-il, un distique, obscur dans son latin barbare comme une centurie de Nostradamus, et qui parlait d'ombre et de trésor.

— « Ce cadran et cette inscription, continue l'abbé, heureux de l'attention que je prête à ses paroles, furent tracés vers le milieu du dix-huitième siècle par un membre de la famille Gazan, médecin, disciple du fameux Mesmer, et qui a laissé le souvenir d'un original quelque peu fou, moitié philosophe, moitié cabbaliste. L'inscription eut toujours le don d'exciter la curiosité des gens.

On s'imaginait, et l'on s'imagine encore, qu'elle indique l'endroit où, dans les temps anciens, d'immenses richesses furent enfouies.

Et, détail qui n'a pas peu contribué à fortifier cette opinion, la fontaine que vous voyez là s'appelle fontaine de la Chèvre d'or. »

Je fis un soubresaut.

— « Eh ! quoi, l'abbé, vous connaissiez cette fontaine de la Chèvre d'or, et ne m'en avez jamais rien dit ?... Le nom

ne lui est pourtant pas venu tout seul, il doit se rapporter à quelque légende significative et intéressante pour moi.

— En effet, il y a dans le pays, vous ne l'ignorez pas sans doute, une légende de Chèvre fée donnant puissance et bonheur à qui sait l'atteindre et s'emparer d'elle, et ne laissant au cœur de ceux qui l'ont seulement entrevue, qu'amertume et insatiables désirs.

Telle est, du moins, la version des humbles d'esprit et des poètes, celle que l'on raconte à la veillée quand les femmes trient les amandes, ou au moulin d'huile quand les hommes pressent le grignon.

Mais des gens pratiques en ont trouvé une autre. Peu sensibles au mystérieux, ils pensent que que ce nom de Chèvre d'or est simplement une manière de parler symbolisant un trésor fort réel, caché dans les environs précisément de la chapelle où nous sommes, et que l'on pourrait retrouver en fouillant à la bonne place.

Aussi bien, il ne se passe guère d'années sans que quelque amateur essaie de faire tourner la verge de coudrier, dans le vieux cimetière, autour de la fontaine. Ils ont, ces enragés, avec leurs pioches et leurs pics, aux trois quart démoli, comme vous voyez, la chapelle, et sacrilégement retourné les os des ermites qui dorment là. Sans compter que je dus encore, l'autre jour, reconduire jusqu'à ma porte en le menaçant de coups de trique, un paroissien qui voulait m'amener ici, quand minuit sonnerait, pour me faire dire la messe noire.

— Ainsi, l'abbé, vous ne croyez pas ?...

— Je ne crois qu'à Dieu et au Pape. Mais, quoi ! dans l'opinion des gens le trésor dont il s'agit serait un trésor sarrazin, et, d'après vous, les Sarrazins ont laissé au Puget tant de choses que je ne vois pas pourquoi, en s'en allant, ils n'y auraient pas laissé un trésor.

L'abbé riait, il ajouta :

— « Je pensais bien que ceci mériterait votre attention ; j'avais même, à tout hasard, mis dans ma poche un vieux cahier sur parchemin, prêté par M. Honnorat, et que je n'ai pas encore pris le temps de lui rendre. Un livre de raison : il date du quinzième siècle. Vous y trouverez des renseignements concernant la chapelle et la fontaine... Seulement, pas un mot de tout ceci à M. Honnorat ni à Mlle Norette ! Les Gazan, je ne sais pourquoi, n'aiment pas beaucoup qu'on parle devant eux de la Chèvre d'or.

XIX

LE LIVRE DE RAISON

L'abbé hésitait en me donnant le livre, il semblait regretter de me l'avoir offert. Et puis, pourquoi cette expresse recommandation de n'en jamais rien dire à M. Honnorat non plus qu'à Norette ?

J'ai tressailli, je me le rappelle, oui ! visiblement tressailli quand l'abbé, sans penser à mal, laissa échapper ces syllabes : « la Chèvre d'or » dont l'obsession depuis quelque temps me poursuit.

Aurait-il remarqué mon émotion, me soupçonnerait-il, lui aussi, comme Galfar, de rêver la conquête des trésors enfouis au Puget-Maure ?

Malgré qu'il insistât, j'ai refusé d'aller manger le lièvre au presbytère ; j'ai même, prétextant un travail d'importance, des lettres pressées à écrire, faussé pour ce soir compagnie aux Gazan.

La Chèvre d'Or, par Paul Arène. Bibliothèque de l'*Illustré Moderne*.

Et me voilà, dans mon infâme auberge, en train de dîner face à face avec Ganteaume qui m'observe et qui se demande ce que peut bien contenir le précieux bouquin placé près de moi, sur la table, et que je ne quitte pas du regard.

Mais Ganteaume en sera pour sa curiosité.

Quelque chose me dit que sous cette reliure en cuir fauve, criblée par les vers, piquée par les mites, molle et pareille à l'amadou, je vais trouver, sinon la solution du moins les prémisses du problème dont l'inconnu de plus en plus me préoccupe et m'attire.

J'attend d'être rentré chez moi; et seul, écoutant le plaintif chevrottement de Misé Jano dans sa logette, tournant le dos au paysage — toujours sublime à cette heure où le soleil tombe — des collines et de la mer, les doigts tremblants, ému, comme quelqu'un qui craint de trouver vide un coffret antique et mystérieux, je dénoue le ruban fané qui forme la tranche du livre.

L'abbé ne m'a pas trompé.

C'est un de ces livres de raison, d'usage commun autrefois dans les familles provençales, mémorandum manuscrit sur les pages respectées duquel, avec les naissances, les morts, les mariages, on relatait au jour le jour les gros et menus faits concernant le pays ou la maison.

Mais ces archives domestiques des Gazan ont ceci pour elles qu'elles remontent au-delà du quinzième siècle. Car si, précédant quelques feuilles de la fin demeurées blanches, les dernières pages noircies révèlent, par leur fine et ferme écriture, la main d'une riche bourgeoise sage, contemporaine de la Pompadour, les lettres gothiques du commencement, régulières, ornées, magistrales, sont dues évidemment à la plume savante du clerc de la chapelle ou du tabellion écrivant, attentifs, sous la dictée des châtelaines.

Il y a deux semaines, c'eût été pour moi un régal, une vraie débauche, que de dévorer des yeux, les compulsant, les annotant, au risque de me laisser surprendre par l'aurore, ces feuillets jaunis où, depuis le bisaïeul de Norette, je puis, d'année en année, presque de jour en jour, remonter jusqu'à l'origine, aux lointains ancêtres venus d'Orient.

Quelle source de documents, quelle mine pour mes études ! Mais aujourd'hui c'est autre chose que j'y cherche : un détail, une indication ayant rapport avec l'ermitage, la fontaine, le cadran énigmatique et indéchiffré du vieux médecin cabbaliste.

Par malheur, bien des pages manquent qu'on dirait intentionnellement arrachées.

Nulle trace de la légende, rien que quelques lignes constatant qu'en l'année 1503 noble Melchior Gazan, dans une intention de bienfaisance et pour assurer le repos des âmes de « deux qui sont morts », a permis aux ermites, présentement et aussi longtemps qu'elle coulera, de conduire « par tuyaux de terre jusqu'à leur ermitage et chapelle, sous la condition d'en laisser la jouissance et la tombée aux gens qui passeront sur le chemin, la source lui appartenant et naturellement jaillissante au lieu dit : Rocher de la Chèvre. »

XX

LA FONTAINE

Que le trésor ait existé, c'est certain ; la légende, la tradition, certains faits relevés par moi, tout le prouve.

Qu'il existe encore, c'est probable ; comment aurait-on fait pour en tenir secrète la découverte.

Mais le moyen de l'atteindre... voilà l'obscur! Et peut-être sa destinée est-elle de dormir jusqu'à la fin des jours, aveugle sous terre, inutile, comme tant d'autres trésors perdus, dont les métaux, les pierreries, ne ressusciteront plus jamais aux joies vivantes de la lumière.

Un matin pourtant, sans songer, une préoccupation instinctive, plus que la volonté, me conduisant, je suis monté vers l'ermitage.

Le soleil, depuis longtemps sur l'horizon, mais invisible encore derrière les montagnes, colorait leurs cimes en rose. Arrivé devant la fontaine, je regardais ses deux mascarons cracher l'eau et des gouttes pleurer aux fils de ses mousses.

Tout-à-coup le soleil parut, inondant le plateau d'une nappe de clarté blanche, et l'ombre du petit monument, droite et nette, vint s'allonger jusqu'à mes pieds.

Alors — la mémoire a de ces hasards, les idées de ces associations subites — songeant au distique latin du cadran, je me suis soudain rappelé pour l'avoir lu, où ? — l'aventure de Robert Guiscard, en Sicile, et cette colonne de marbre, cette statue couronnée d'un cercle de bronze où était gravé :
« Le premier mai, au soleil levant, j'aurai une couronne d'or. » Paroles dont un Sarrazin, prisonnier du comte Robert, sut pénétrer le sens mystérieux. Car Robert, sur ces indications, ayant fait fouiller le premier mai, au soleil levant, l'endroit qu'indiquait l'extrémité de l'ombre projetée par la statue, il y trouva, dit le chroniqueur, un grand et très riche trésor.

Evidemment, si l'inscription tracée par le vieux docteur Mesmérien sur le cadran de l'ermitage a jamais signifié quelque chose, et si toutefois le trésor existe, c'est l'ombre d'un objet quelconque qui doit en indiquer la place.

Et pourquoi pas l'ombre de la fontaine, puisqu'elle s'appelle fontaine de la Chèvre d'or.

Ils n'ont certes pas si tort que cela, sauf leur croyance en la vertu de la verge tournante et de la messe noire, les gens qui viennent, pendant la nuit, remuer le sol autour de la fontaine !

Ils brûlent, comme on dit, mais leurs efforts resteront vains, car non plus que moi, ils ne savent l'heure du jour et la saison où l'ombre serait indicatrice.

Tout indice manque, l'inscription elle-même est abolie,

et l'abbé qui l'a jadis lue n'en garde qu'un souvenir vague suffisant pour irriter ma curiosité, insuffisant pour me guider.

Moins heureux que Robert Guiscard, n'ayant pas, hélas ! à mon service un prisonnier sarrazin, un de ces fils d'Agar, héréditairement experts à deviner le secret des figures, je renoncerai donc au trésor du Puget-Maure.

Et, me raillant un peu moi-même, amusé de mes rêveries, je m'étais étendu sous un buisson, avec le désir d'oublier le trésor, tandis que la fontaine traversée de rayons obliques, semblait, vision obsédante, rouler dans son cristal, dans son écume, des diamants et des fragments d'or.

XXI

LE ROCHER DE LA CHÈVRE

Depuis, j'ai réfléchi; car ceci à la fin devient attachant comme la poursuite d'un problème.

Si le trésor lui-même ou l'entrée du souterrain qui, à en croire certains récits, le renferme, se trouve autour de la fontaine, on pourrait aboutir, en sondant avec soin le rond de terrain circonscrit que parcourt, plus ou moins étendue selon les saisons, l'ombre portée de sa pyramide.

Mais je suis assuré maintenant que le trésor ne se cache point là.

La fontaine date à peine de quatre cent ans, et n'est point contemporaine du trésor.

D'ailleurs, un enfant y eut songé tout de suite ! d'après le livre de raison, le nom de fontaine de la Chèvre d'or s'appliquant au petit monument dressé pour les ermites, ne saurait signifier grand'chose ; car évidemment on ne l'a appelée ainsi que par extension en souvenir du rocher dit « de la Chèvre » d'où descend la vraie source, la source mère.

En tout cas, trouver le rocher est facile.

Les tuyaux, depuis quatre siècles, s'étant crevés en maints endroits, je n'ai qu'à suivre une demi-heure durant, le long de la pente aride, cette ligne verte tracée sur le sol par les consoudes et les prêles, plantes dont la présence révèle le voisinage de l'eau, et me voilà sur un plateau semé de débris, restes probables de quelque château-fort, en présence d'un bloc calcaire, figuré bizarrement, au pied duquel, cristalline, la source s'épanche.

Ce plateau, irrégulièrement quadrangulaire, accessible du côté par où s'en va la source, a pour fossés, des trois autres côtés, une falaise à pic qui couronnent encore des restes de murailles.

Le sol résonne sous les pas, des excavations, naturelles ou creusées de main d'homme, s'ouvrent aux flancs de la falaise. C'est ici et non à l'ermitage, ici, dans ce paysage solitaire et pétrifié, que doit habiter la Chèvre d'or.

Mais la difficulté se complique.

Fouiller au hasard serait folie : sous une mince couche de briques brisées et de pierrailles, tout le plateau se présente comme une table de roc vif.

En outre, il ne s'agirait pas que de fouiller le plateau. Le bloc surplombe l'escarpement, et c'est sur la paroi qu'à cette heure du jour, comme sur un cadran gigantesque, son ombre chemine.

N'est-ce pas une illusion ? La pointe du rocher, nettement dessinée se dirige vers un innaccessible trou noir baillant en bouche de caverne. Si pourtant le hasard m'avait servi! Si j'étais arrivé juste à l'instant où l'ombre indique l'entrée mystérieuse...

A ce moment, un bref appel : « Ici, Guerrier! » m'a fait tressaillir, sonnant clair dans la solitude.

C'était un vieil homme, un berger qui appelait son chien.

Absorbé par mes songeries! je ne l'avais pas entendu venir.

Lui, sans mettre la main au chapeau, immobile sur son crâne paysan comme un chapeau de grand d'Espagne, me salua du provençal « A Dieu soyez! » puis, laissant Guerrier faire la garde, et mordiller aux jambes cinq ou six brebis en train d'éplucher l'herbe rare, et désormais ne s'occupant pas plus de moi que si je n'existais pas, il se mit à fumer sa pipe, gravement, par bouffées économes et mesurées, le regard perdu à l'horizon, les jambes pendant sur l'abîme.

XXII

DISCOURS DE PEU-PARLE

Etant retourné plusieurs fois au rocher de la Chèvre, j'ai fini par lier connaissance avec Peu-Parle. Tel est le sobriquet de cet homme silencieux.

Sa taciturnité est grande. Brièvement, à son habitude, il en explique les raisons.

— « Pourquoi parler quand on n'a rien à dire ; pourquoi, surtout parler si l'on a quelque chose à dire, puisque neuf fois sur dix se taire serait le plus sage ? »

Et Peu-Parle se tait énormement, avec délices, passant ses heures, comme la première fois où je le rencontrai, près du rocher de la Chèvre, toujours assis à la même place, toujours l'œil fixé sur le même point.

Les gens prétendent que Peu-Parle a le secret.

C'est pour cela que chaque matin, hiver comme été, il monte là-haut, et qu'on le voit, des journées entières, couver du regard un endroit connu de lui seul, retraite de la Chèvre fée.

Peu-Parle, s'il voulait, serait riche comme un Crésus. Il ne veut pas, l'idée lui suffit ! Gardien jaloux d'un trésor qu'i dédaigne, refusant d'y toucher, craignant d'en laisser approcher les autres, il vit ainsi depuis quarante ans, heureux, déguenillé, avec son rêve et sa chimère.

Peu-Parle passe pour sorcier, les vieilles femmes qui s'en vont couper des lavandes ont vu la nuit, quand il garde après le soleil couché, des formes étranges se promener devant son feu.

Les hommes, même courageux, n'aiment guère à entendre sur le tard, l'aigre aboi de son chien Guerrier et le bruit de ses souliers ferrés dans les pierrailles.

D'ailleurs, brave homme, et respecté comme on respecte les puissances !

Un jour, Peu-Parle m'a parlé.

Je lui avais offert du tabac pour en bourrer sa pipe que, faute d'argent, il suçait à vide. L'attention le toucha, nous causâmes.

— « Alors, vous êtes venu pour le trésor ?... Ne dites pas non ; je parle peu, mais j'entends bien et je descends quelquefois au village... Venu même de très loin, paraît-il. Bon ! le trésor du roi de Majorque vaut bien qu'on fasse quelques lieues.

— Du roi de Majorque ?

— Eh ! oui, un ancien roi venu par la mer, qui plus tard fut obligé de fuir... Vous savez ces choses mieux que moi et me faites bavarder. Mais n'importe ! Peu-parle s'appelle Peu-parle, il ne conte que ce qu'il veut, et a tout deviné l'autre jour en vous voyant regarder l'ombre.

Que vous a fait la Chèvre d'or ? Pourquoi ne pas la laisser tranquille sur sa montagne ? Elle va, vient au clair de lune, buvant l'eau pure, broutant la mousse, et ne fait de mal à personne.

Quand on l'aura prise, la belle avance !

Captive, la Chèvre d'or se vengera, car l'or est la source de toute misère. C'est à cause de lui que les hommes se haïssent, c'est à cause de lui que femmes ne vont pas vers qui sait les aimer. Dans le clos des ermites il y a deux tombes, — M. Honnorat les connaît bien, — les tombes de deux cousins, presque deux frères, qui moururent de mort sanglante pour avoir désiré la Chèvre d'or.

Que l'or reste caché, que la Chèvre d'or reste libre !

Si je pouvais, moi, Peu-Parle, comme les gens croient, rien qu'en levant un doigt, faire reparaître au soleil les richesses que ce rocher recouvre, je ne lèverais pas le doigt, je laisserais dormir les richesses... »

Peu-Parle, quelques instants encore, continua son apocalyptique discours où se mêlaient ainsi que dans une vision vague la fabuleuse Chèvre d'or avec les préoccupations plus positives des trésors oubliés par le roi de Majorque.

Puis, fatigué sans doute de cet effort, il siffla Guerrier, se dressa, et, me tendant la main :

« — Réussir dans cette entreprise serait beau. Je vous souhaite bonne chance !... Autrefois, jeune, j'ai tenté, mais la hardiesse ne suffit pas, il faut encore qu'on vous aime. Les hommes inventent, calculent, et c'est la femme qui a la clef d'or : faites-vous aimer de Norette ! »

XXIII

UN BOUQUET

Ceci tourne au conte de fée.

Ainsi, d'après le vieux Peu-Parle, pour parvenir jusqu'au trésor, je dois d'abord me déguiser en prince Charmant, à mon âge! auquel cas, j'aurais pour Belle-au-Bois-Dormant, Mlle Norette.

Mais Norette n'est pas princesse, la maison de M. Honnorat, quoique pittoresque, n'a que de très lointains rapports avec les châteaux perdus au fond des forêts enchantées, et je ne veux pas, sur de chimériques espérances, m'établir le soupirant d'une petite paysanne.

Car elles sont bien chimériques, ces espérances! et je m'amuse fort, moi-même, à analyser l'étrange travail qui, sans doute, en raison de l'isolement où je vis, s'est peu à peu fait dans mon âme.

Eh! quoi! parce qu'un matin de désœuvrement l'idée

m'est venue de consacrer aux Arabes de Provence, une étude plus ou moins érudite, parce qu'il me plaît de rechercher les traces légères que leur passage a pu laisser dans le pays, parce que, le jour de mon arrivée, les nuages de l'air surchauffé, la grisante odeur des résines et des lavandes m'ont donné, l'espace de quelques secondes, une hallucination, suite naturelle d'un rêve; et parce que, *misé Jano* l'ayant perdue, j'ai ramassé une clochette inscrite de caractères qui me parurent curieux, voici que, depuis un grand mois, plus crédule qu'un paysan, plus visionnaire qu'un berger, je perds mon temps à chercher les moyens de conquérir, au fond de la caverne que garde sans doute un dragon, les richesses du roi de Majorque.

Tout en songeant ainsi, je redescendais machinalement la montagne, mais du côté opposé à celui par lequel j'étais venu.

Un étroit sentier, visible à peine, serpente là, au milieu des blocs moussus et des verdures. Car, autant le versant méridional, brûlé du soleil, est aride, autant le versant nord, — presque toujours dans l'ombre et perpétuellement humecté par un suintement d'eaux souterraines venues, sans doute, du même mystérieux réservoir qui alimente la source du roc de la Chèvre, — offre d'agréable fraîcheur.

Nos montagnes ont de ces contrastes, et, dans certains coins privilégiés, souvent le printemps se continue tandis qu'à quelques pas, les feuillages et les herbes sèchent aux flammes de l'été.

Des fleurs croissaient en cet endroit, des fleurs alpestres, délicates, d'espèces inconnues. J'en cueillis et finis par faire

un bouquet que j'encadrai, pour mieux le garantir, d'une collerette de fougères et de capillaires. Cette précaution me permit de l'apporter intact au village.

M. Honnorat que je rencontrai se promenant seul sur la place, l'admira fort à cause de sa rareté en cette saison. Je lui dis l'avoir cueilli pour Mlle Norette.

— « Vous tombez mal ! c'est aujourd'hui jour de lessive, et les jours de lessive la maison devient inhabitable. J'avais pris la fuite et n'osais plus aller chercher ma pipe, malheureusement oubliée. Norette est avec Saladine en train d'*étendre* dans la cour. Après tout, rien ne coûte d'essayer, un bouquet embellira peut-être son humeur. »

Sur des cordes, partout, se croisant d'un angle à l'autre, entre les arcades, Saladine, privilégiée par sa haute taille, disposait, d'un air toujours bourru, les toiles que Norette lui passait, et que Ganteaume, religieusement, passait à Norette.

M. Honnorat n'avançait que prudemment, à moitié rassuré par ma présence.

— « Norette, regarde Norette, le galant bouquet qu'on veut t'offrir. »

Je ne sais ce qu'avait mon bouquet, pareil pourtant à tous les bouquets, mais au seul aspect des pauvres fleurettes, Ganteaume devint rouge jusqu'aux oreilles, Saladine me jeta un regard de dogue irrité, et Norette, qui les serrait déjà dans ses doigts tremblants, me parut, pour un hommage si banal, ressentir une émotion vraiment singulière.

— « Filons maintenant, j'ai ma pipe ! » me disait le bon M. Honnorat.

Et moi, tout en le suivant, je songeais à la phrase énigmatique de Peu-Parle : « c'est la femme qui a la clef d'or, faites-vous aimer de Norette. »

Est-ce que Peu-Parle, en sa qualité de sorcier, aurait vu des choses que je n'ai point vues? Est-ce que, sans que je m'en doute, par caprice, Mlle Norette m'aimerait?

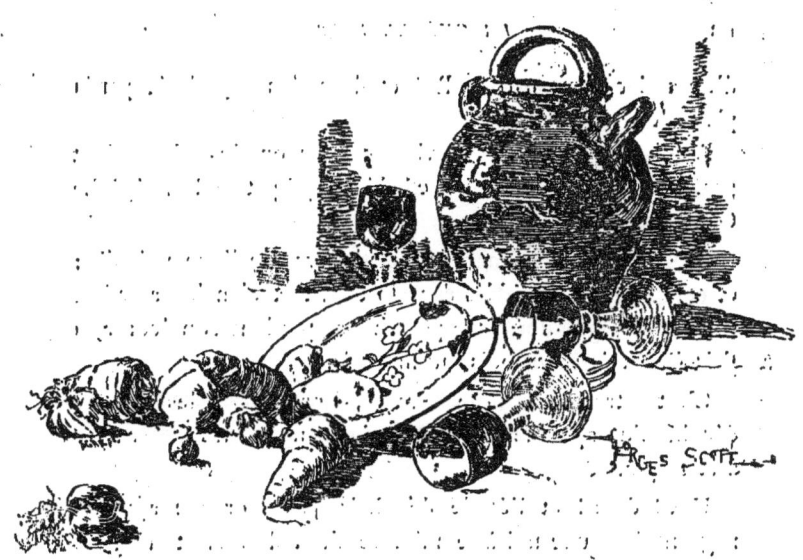

XXIV

LES OURSINS DU PATRON RUF

Une surprise m'attendait.

Sur la porte, qui rencontrons-nous? patron Ruf, toujours rasé, toujours tané, portant de chaque main un panier d'oursins frais pêchés dont les piquantes couleur de châtaigne se remuaient encore lentement au milieu de leur emballage d'herbe marine.

M. Honnorat, cette fois, ose affronter Norette, affronter Saladine. Que sont la lessive et les femmes quant il s'agit d'un ami comme patron Ruf et d'oursins engraissés par la pleine lune.

Aussitôt le dîner s'improvise, car les oursins n'attendent pas. On me convie ainsi que l'abbé à qui patron Ruf dépêche Ganteaume.

Saladine, décidément vaincue, séchera son ligne au jardin; et nous voilà tous attablés dans la cour aux blanches arcades, sous la vigne dont le cep pelucheux, perdant son écorce, a l'air d'un très vieux bois qui mourait.

C'est patron Ruf qui bravement, sans craindre les pointes, décoiffe l'un après l'autre les oursins comme on fait des œufs à la coque.

Une! deux! et l'étoile de chair jaune orange apparaît nageant dans une noirâtre mixture d'eau de mer et d'algues striturées.

L'abbé, homme aux préjugés montagnards, répugne à manger ces bêtes vivantes. Moi-même, amateur novice, je fais tomber l'algue et l'eau de mer sur mon assiette, me contentant du jaune que je cueille avec mon couteau. M. Honnorat et patron Ruf nous raillent. Ils n'y mettent pas, eux, tant de façons. Ils gobent le tout, eau, algues, étoile, ils roulent la coque avec des mouillettes; et radieux, la barbe ruisselante, M. Honnorat s'écrie :

— « On dirait qu'on mâche la mer ! »

Encore, interrompt patron Ruf, n'est-ce pas ainsi, entre des murs, que l'oursin se mange, mais sur le rivage, dans la barque, en écoutant battre le flot. A six heures du matin, quand le soleil chasse la brune, pourvu que j'aie un bon pain tendre, une bouteille de clairet, je viens à bout de mes six douzaines, et Rothschild n'est pas mon cousin ! »

Mlle Norette a mis le bouquet sur la table, bien en face d'elle,

baissant les yeux; le rose aux joues, toutes les fois que je la regarde ou que je regarde le bouquet.

Elle est d'ailleurs très gaie ce soir Mlle Norette.

Comme on parle de la mer, elle nous raconte l'impression

que lui fit la Méditerranée la première fois qu'elle la vit. Saladine ramenait Norette de nourrice. « Vous vous rappelez, Saladine? » Mais Saladine ne répond pas. N'importe! Norette continue : « Alors, quand nous arrivâmes au mas de la Viste d'où tout l'horizon se découvre, je demandai, petite sauvagesse qui n'a jamais vu que des montagnes : — qu'est-ce que c'est que ce grand pré bleu ? Saladine me dit : — c'est la mer. — Et les moutons blancs qui sont dessus ? — Ce sont des barques et leurs voiles. »

Un peu troublée d'avoir fait cet important discours, Mlle Norette, en manière de contenance, a pris le bouquet posé à côté de son verre, sur la nappe, et cette action si simple a si fort impressionné Ganteaume, qu'il en laisse tomber une pile d'assiettes — du vieux Varages presque aussi finement décoré que le Moustiers — au désespoir de Saladine, furieuse de s'être adjoint un tel aide.

Le fait est que, depuis le commencement du repas, mon Ganteaume, page ahuri, n'a fait qu'entasser maladresses sur maladresses. Et je me demande pourquoi, Mlle Norette le sait peut-être, quelques fleurs offertes par moi ont l'étrange pouvoir de la préoccuper ainsi.

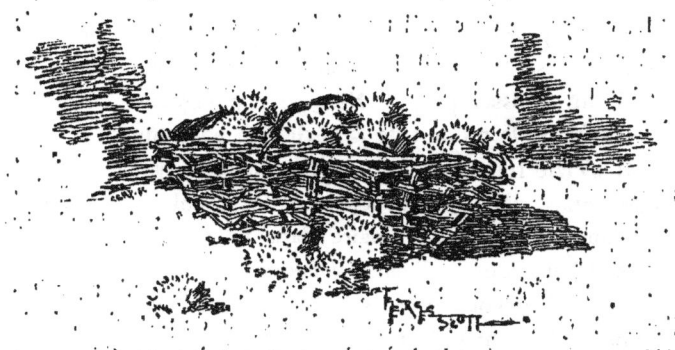

XXV

UNE AMBASSADE

Après le déjeuner, patron Ruf laissant M. Honnorat et l'abbé discuter chasse autour d'un bocal de liqueur aux baies de myrte — digestive spécialité de Saladine — m'a appelé confidentiellement dans un coin.

Je croyais qu'il voulait, en bon père, se renseigner sur la conduite de Ganteaume et sur la façon dont celui-ci se tire des fonctions multiples qui sont censé l'attacher à ma personne.

Pas de tout! patron Ruf est chargé, pour moi, d'une ambassade.

La campagne du corail terminée, patron Ruf, après avoir embrassé sa femme, en passant devant la petite Camargue, avait dû pousser jusqu'à Nice pour y négocier, au nom de la confrérie, le produit de la pêche fait en commun.

Il s'était rencontré là, suivant l'usage, avec de certains marchands génois qui achètent le corail brut pour les fabriques et logent d'ordinaire dans un cabaret de la vieille ville, à l'enseigne de l'*antico limonverde*.

— « Dieu vous préserve, monsieur, de ces auberges italiennes ! Ça sent le fromage et c'est épais de mouches. Mais il faut en passer par là lorsqu'on veut vendre aux Génois. » Quoiqu'il en soit, l'affaire s'était conclue, et patron Ruf, l'argent serré dans sa saquette, s'apprêtait à partir après l'obligatoire tournée d'*asti spumante* « un pauvre petit vin qui fait des embarras et ne vaut pas notre bon clairet de cassis ! » Quand, venant d'une table, dans l'enfoncement le plus sombre, il entendit des mots, des fragments de conversation qui lui firent dresser l'oreille.

Quelque chose de louche se tramait. On parlait de M. Honnorat, du Puget-Maure, mon nom même et celui de Norette avaient été plusieurs fois prononcés.

— « En ma qualité de pêcheur, continuait patron Ruf, toujours au soleil, sur l'eau luisante, je n'ai guère l'habitude de voir dans le noir. Pourtant, à force de m'arrondir les yeux en faisant comme font les chats, je finis par distinguer, au milieu d'une demi-douzaine de sacrispants qui écoutaient silencieux, un vieux monsieur à lévite, l'air d'un escamoteur ou d'un notaire, et un jeune homme qui me tournait le dos et que je ne reconnus pas d'abord.

— « Il faut en finir, disait le jeune homme, après tout, le particulier en question veut nous voler, et les voleurs, ça se supprime. »

A quoi le vieux monsieur répondait :

— « Sans doute, quand nous aurons touché la mise de fonds et si la chose devient nécessaire. J'estime, en attendant, qu'à tout hasard, nous ferions mieux d'avoir, avec nous, celui dont il s'agit.

— Puisqu'il ne veut pas !

— Il voudra peut-être.

— Eh bien ! non. C'est moi maintenant qui ne voudrais plus s'il voulait. »

Le jeune homme s'était dressé, furieux, faisant danser verres et bouteilles d'un grand coup de poing sur la table. Je le reconnus : C'était Galfar, souliers vernis, jaquette neuve, comme quelqu'un qui vient d'hériter.

— « Patron Ruf ? — Galfar ? — Quel bon vent vous amène dans ces parages ? — Le vent du Cap, j'arrive d'Antibes à l'instant, avec la barque, pour vendre notre récolte de corail. — Allons, tant mieux ! et vous retournez ? — Au Puget-Maure. »

A ce mot de Puget-Maure, Galfar me regarda l'œil méchant. — « Au fait, j'oubliais : vous avez là-haut votre petit Ganteaume. Mais, alors, vous connaissez certainement le prétendu de ma cousine Honnorat. Eh bien ! dites lui de ma part, que je lui défends, entendez-vous ? Que je lui défends d'épouser Norette. Et, dites-lui aussi, au cas où vous auriez compris notre conversation de tout à l'heure, qu'il y a quelque danger pour les gens à vouloir entrer dans nos familles, que la Chèvre d'or, chez les Gazan et les Galfar a déjà causé plus d'un malheur, et que si ses sabots, les nuits de lune, laissent des traces d'or sur les cailloux, souvent aussi, aux endroits où elle a passé, on trouve des gouttes de sang, des marques rouges. »

Patron Ruf était très ému.

— « Mais, quel rapport, lui dis-je, mademoiselle Norette ?...

— Ecoutez ! J'ignore si vous en voulez au trésor, et, si c'est pour cela que vous faites la cour à Mlle Norette. Mais, j'ai autrefois entendu raconter que le secret de ce trésor se transmet de mère en fille parmi les Gazan et les Galfar, qui toujours se marient entre eux. Mlle Norette, en conséquence, le tiendrait de feu Mme Honnorat, sa mère, qui était une Galfar.

Du reste, conclut patron Ruf, vous savez ce qu'il vous reste à faire. J'avais prévu cela, vous étiez averti. Que venez-vous chercher dans ce pays de sauvages ? Et, pourquoi ne pas retourner demain à la petite Camargue, où nous attend Tardive pour y pêcher, aidés de Ganteaume, la Castagnore, le poisson Saint-Pierre, et coucher, le soir à la cabane, sans vilains soucis, bien tranquille, en écoutant tinter le clairin d'Arlatan ? »

XXVI

PERPLEXITÉS SENTIMENTALES

Resterai-je ? ne resterai-je pas ?
Dois-je écouter les prudents conseils de patron Ruf ou m'obstiner à la poursuite d'un trésor peut-être chimérique ? L'alternative me rend perplexe.

Si je quitte le Puget-Maure, j'aurai l'air, et cela m'offense, de redouter Galfar, de fuir devant ses menaces. Mais je me sens médiocrement fier quand je songe au rôle de comédie que, dans le cas contraire, il me faudrait jouer.

Me voit-on d'ici, par intérêt — eh ! oui, par intérêt, puisque la fortune est au bout — feignant une affection que je n'ai pas pour Mlle Norette !

Je me rappelle avec quel sentiment de pitié, mêlé de mépris, il m'est arrivé, jadis, de considérer, dans ce qu'on appelle le monde, des gens — honnêtes au demeurant, — qui n'auraient pas menti à un homme, et qui se mentaient à eux-mêmes impudemment, pour se prouver qu'ils aimaient d'amour quelque insignifiante fillette dont ils ne désiraient guère que la dot.

Et ils finissaient, les malheureux, par se croire épris, comme font ces pleureuses gagées qui, se grisant de leurs propres cris, s'attendrissant par leurs propres plaintes, arrivent à verser de vraies larmes sur la fosse d'un mort qu'elles n'ont pas connu.

Il me répugnerait d'agir ainsi, bien qu'après tout, avec Mlle Norette, maîtresse et gardienne de la Chèvre d'Or, mon cas ait je ne sais quoi d'agréablement chevaleresque.

Mais, hélas! comme en peu de temps les choses s'emparent de vous!

Me voici tout triste, maintenant, à la seule idée de partir, de laisser ce village et ses tortueuses ruelles, cette vieille maison devenue mienne, ce pavé de l'âne dont les galets pointus, depuis quelque temps, me semblaient doux.

Et misé Jano, qui m'apparut dans le vallon, bondissante, surnaturelle, pour me souhaiter la bienvenue. Et M. Honorat, et Saladine...

Je n'ose pas ajouter : et Mlle Norette? par crainte de voir trop clair en moi.

Car elle est charmante, décidément, Mlle Norette.

Avant le dîner d'hier, je ne l'avais jamais regardée, et je n'aurais su dire si ses yeux étaient noirs ou bleus.

Ils sont noirs, d'un noir de velours noyé d'ombre. Un peu alanguis, par exemple, et doucement mélancoliques. Des yeux d'esclave heureuse, qui se serait volontairement donnée. La belle Schérazade devait avoir ces yeux-là.

C'est bien de l'honneur que me fait Galfar en me jugeant digne d'être remarqué par deux yeux pareils! Pourtant, je ne me suis jamais guère mis en frais pour leur plaire, Galfar non plus, d'ailleurs.

Singuliers galants que nous sommes : aussi mal vêtus l'un que l'autre, faits tous deux comme des brigands, et sa veste en velours à côtes n'a pas à redouter la comparaison avec ma jaquette de gros cadis.

N'importe, béni soit Galfar! sans Galfar, sans ses jalousies, j'ignorerais encore Norette.

Norette! comme il serait bon et savoureux d'avoir à soi, à soi tout seul, cette âme neuve.

Je me sens au cœur une sensation de délicieuse fraîcheur, sensation presque physique, en me rappelant sa rougeur ingénue, quand je lui offris le bouquet, et le subit frémissement de sa petite poitrine passionnée.

S'imaginer qu'on vous aime est le commencement de l'amour. Norette m'aimant, il me semble que je ne pourrai m'empêcher d'aimer Norette.

Mais comment savoir? je crois avoir trouvé le moyen.

Patron Ruf s'en retourne demain. Je me mettrai en route avec lui, ainsi que la loyauté l'ordonne.

Mais si Mlle Norette s'obstinait à me retenir, si elle avouait... Alors, dame! je n'aurai qu'à laisser faire le destin. Ma conscience sera tranquille. On ne peut pourtant pas tenir rigueur à une enfant aimable et qui vous aime, uniquement sous le prétexte qu'elle peut être l'héritière d'un roi de Majorque et de ses trésors.

XXVII

AU JARDIN

M. Honnorat possède, au pied de sa tour, un jardin dont il est très fier.

Un jardin ? non ! un ressaut du roc aplani, entouré d'un mur, et, de tous les côtés, dominant l'abîme.

Ce mur retient un peu de terre végétale trouvée dans les fentes, laquelle terre, se mêlant aux débris du roc lui-même, friable pierraille en train de fondre et de se pulvériser au soleil, constitue un problématique humus qui, ailleurs, ne suffirait pas à nourrir les sobres racines de l'ortie ou de la ronce, mais dont se contentent, en ce climat béni, trois pieds d'oranger, un laurier, une bordure de romarin, quelques fruits et quelques légumes.

Le tout, tant bien que mal arrosé par l'eau rare d'une citerne que M. Honnorat ménage parcimonieusement.

La nuit approchant, j'étais venu m'accouder au parapet de ma terrasse, sans motif bien défini, histoire de réjouir mes regards aux changeantes splendeurs de l'horizon qui, là-bas, s'empourpre, et peut-être aussi parce que, juste au-dessous de la place que j'ai choisie, se trouve un banc de pierre qu'un laurier ombrage, et où, quelquefois, M{ lle} Norette aime s'asseoir.

Comme l'après-midi a été brûlante et que plantes et fleurs s'inclinaient altérées, M{ lle} Norette et Saladine font ruisseler largement, joyeusement, l'eau de la citerne, au grand désespoir de M. Honnorat qui proteste.

M{ lle} Norette rit. Les voix montent dans l'air frais du soir.

— « Dès que l'on touche au robinet, s'écrie Saladine en montrant M. Honnorat, on dirait que son sang se verse. »

Et M{ lle} Norette ajoute :

— « Père sème ses haricots par gloire, moi, je leur donne à boire par pitié. »

Puis M. Honnorat est sorti, toujours en querelle avec Saladine, et M{ lle} Norette est restée seule.

Je suis descendu au jardin.

M{ lle} Norette m'a dit :

— « Je vous avais vu, je vous attendais. » Elle m'a dit cela d'un air tranquille, ingénuement, sans fausse honte, en personne sûre d'elle-même et sûre de moi.

Mais, ayant prononcé le mot de départ, je l'ai vu devenir subitement pâle, de cette pâleur mate des brunes qui les font ressembler à des statues.

Un instant, j'ai eu peur.

Les paupières baissées sans doute pour ne pas pleurer, immobile, la petite Norette était de marbre. Et, quand elle m'a regardé, dans ses yeux où des larmes montaient, il y avait une immense tristesse.

Sans une parole, elle m'a fait signe de l'attendre.

Elle est allée jusqu'à sa chambre chercher la boîte des souhaits, symbolique coffret où tiennent ses espérances et ses bonheurs de jeune fille ; et l'ayant ouvert, l'ayant vidé, elle m'a montré, pêle-mêle avec l'œuf, le sel et la quenouille, vingt bouquets pareils à celui que je lui ai offert, les uns frais encore, et les autres déjà flétris.

— « Mes fleurs, mes pauvres fleurs soupirait-elle. J'étais, chaque matin, si contente de les trouver, là, sur ce banc, frileuses, baignées de rosée... Je les réchauffais sur mon cœur sachant qu'elles venaient de vous. Je me disais : il n'ose pas me les donner lui-même ; mais il est brave, c'est un homme, le courage un jour lui viendra... Le courage vous était venu puisque hier vous m'avez offert un bouquet de ces mêmes fleurs devant mon père. Et, maintenant, vous nous quittez ! Que vous importe notre amitié ? Que vous font les pleurs de Norette ? »

Sa grande colère s'en allait en larmes ; et ne comprenant pas, mais délicieusement ému, je ne pus m'empêcher de sou-

rire quand j'entendis Norette, dans mes bras, entre deux sanglots, s'écrier d'une voix redevenue presque enfantine :
— « Ce n'est tout de même pas joli, non, pas joli de tant aimer un monsieur qu'on ne connaît pas ! »

Qu'ai-je répondu ? Je l'ignore. Mais, quand nous sommes sortis du jardin, Mlle Norette ne pleurait plus, et, malgré mes dénégations étonnées, on m'avait prouvé que c'était moi qui, chaque soir depuis vingt jours, laissait du haut de ma terrasse, tomber un bouquet sur le banc aimé de Norette.

Le diable, évidemment, se mêle de mes amours et cette histoire de bouquets cache quelque sorcellerie.

Ne cherchons pas. Le mieux est encore de laisser aller les choses. Est-il besoin de comprendre pour être heureux ?

XXVIII

LES AMOURS DE GANTEAUME

Et pourtant ces bouquets ne sont pas tombés du ciel, ils n'ont pas poussés tout seuls sur le banc!

Or personne, sauf les Gazan, ne pénètre dans le jardin; et personne aussi, sauf Ganteaume et moi, n'a la clef de la terrasse.

Je suis bien sûr, à moins de me croire somnambule, de n'avoir jamais jeté aucun bouquet du haut de la tour. Reste Ganteaume. Est-ce que Ganteaume?...

J'avais bien remarqué ses extases devant Norette, son empressement à la servir, et son trouble mal dissimulé, le jour de lessive, à l'aspect des fleurs offertes par moi.

Ganteaume doit être coupable.

Je l'ai fait comparaître. Il est venu, l'air repentant, la mine basse.

— « Holà! maître Ganteaume, lui ai-je dit, est-ce ainsi

qu'on comprend ses devoirs de page? Et pensez-vous que j'autoriserais une personne de ma suite à nouer de coupables intrigues dans la maison qui nous offre l'hospitalité? »

La solennité d'un tel début acheva de décontenancer le misérable. C'est en sanglotant, qu'il avoue toute une série de méfaits.

Pendant que je le croyais occupé à rouler les ruelles du Puget-Maure, en compagnie des galopins de son âge, à pêcher la truite au torrent, ou à dénicher, capture rare, quelque couvée de merles de roche, Ganteaume, ambitieux déjà, rêvant de plus hautes destinées, avait entrepris, pour son compte, la conquête de la Chèvre d'Or.

Il s'est lié avec Peu-Parle. Ce vieux fou l'honore de ses confidences et maître Ganteaume, en échange, lui a fait part de mes projets.

Le soir Ganteaume apprend à connaître le nom des étoiles. Puis, s'assayant dans la lavande, ils s'entretiennent longuement du roi de Majorque et de la Chèvre.

Ganteaume croit fermement à l'existence du trésor. Il sait, d'ailleurs, toujours par Peu-Parle, des détails curieux que j'ignorais.

C'est bien, comme je l'avais conjecturé, l'ombre d'une pierre, à certaine heure du jour, à certaine époque de l'année, qui doit marquer la place où il s'agit de fouiller.

Là, on ne trouvera pas encore le trésor, mais une cassette en fer contenant des papiers mystérieux. Avec ces papiers, la réussite est certaine. Seulement on ne peut rien faire sans Mlle Norette qui possède le talisman, portant gravé le secret de l'ombre.

— « Une clochette peut-être ?
— Oui ! il me semble que Peu-Parle a prononcé le mot de clochette. »

Ganteaume, au surplus, me jure qu'il n'a jamais prétendu accaparer seul le trésor. Son intention était d'en faire deux parts : l'une à moi destinée, l'autre destinée à patron Ruf. Comme récompense, Ganteaume se contentait du bonheur d'épouser Norette et de vivre éternellement auprès d'elle.

C'est avec l'espoir de plaire à Norette que, d'après les conseils de Peu-Parle, il avait imaginé le galant envoi de bouquets dont Norette me fait honneur.

Mais Ganteaume comprend désormais combien tout cela est irréalisable. Il a renoncé à Norette silencieusement, sans se plaindre, dès qu'il a vu qu'elle m'aimait.

Et maintenant, meurtri par l'écroulement de son rêve, il me supplie de le garder, de ne pas le renvoyer avec patron Ruf.

La joie est mère d'indulgence : je pardonne à mon rival de douze ans.

Il essuie ses larmes, il me remercie en essayant de sourire.

Mais Norette, visiblement, lui tient au cœur, et la blessure saigne encore.

Hélas ! qui eut imaginé que Ganteaume, l'infortuné Ganteaume, serait la première victime de cette capricieuse Chèvre d'Or.

XXIX

LES FLEURS DE LA REINE

Mlle Norette n'est plus la même.

J'aurais peine à reconnaître, quand elle passe me souriant, volontaire et vive, la demi-paysanne dont l'inconsciente timidité se déguisait de brusquerie.

Désormais Mlle Norette ignore la timidité. Mlle Norette est confiante, quoiqu'on ait négligé de faire M. Honnorat le confident de nos amours, et nous serions époux depuis deux ans qu'elle n'agirait pas d'autre sorte.

Ce matin, Mlle Norette m'a dit :

— « Vos fleurs sont belles, je les aime; mais j'en sais de plus belles que les vôtres.

— Plus belles ?

— Les fleurs de la Reine ! Vos fleurs ne sont que fleurs de montagne. Les miennes viennent du jardin féerique qu'une princesse venue d'Orient avait autour de son château.

Aux veillées d'hiver où, un galet sur les genoux, un autre galet servant de marteau, les filles, en chantant, cassent l'amande amère, vous pourriez entendre raconter à ce propos, par les paysans braconniers et les paysannes ramasseuses de litière et de feuilles mortes, des choses tout à fait surprenantes.

Du jardin redevenu lande, du logis, admirable autrefois, on ne voit plus qu'un grand rempart noir, et, çà et là, des pierres tombées. Mais, aussitôt les beaux jours venus, sous le vieux rempart, entre les vieilles pierres, poussent des fleurs comme personne n'en a vu, à coup sûr, descendantes de celles qu'avait la reine en son jardin, et dont là-haut, tout près du ciel, la race s'est perpétuée.

— Et c'est bien haut, là-haut, près du ciel ?

— Très haut ! reprit Norette en souriant ; plus haut encore que le rocher de la Chèvre. Mais où ne monterait-on pas, pour trouver ce parterre des *Mille et une Nuits,* ces fleurs de la Reine, variées, innombrables, couleur de ciel et de rosée, des fleurs qui n'ont rien de terrestre et ne ressemblent pas plus aux grossières fleurs écloses dans nos vallons...

— Que Mlle Norette ne ressemble...

— Sans doute ! répondit Norette. C'est pourquoi, ce soir, nous irons ; mais Ganteaume nous accompagnera.

— Pourquoi Ganteaume ?

— Préféreriez-vous Saladine ?

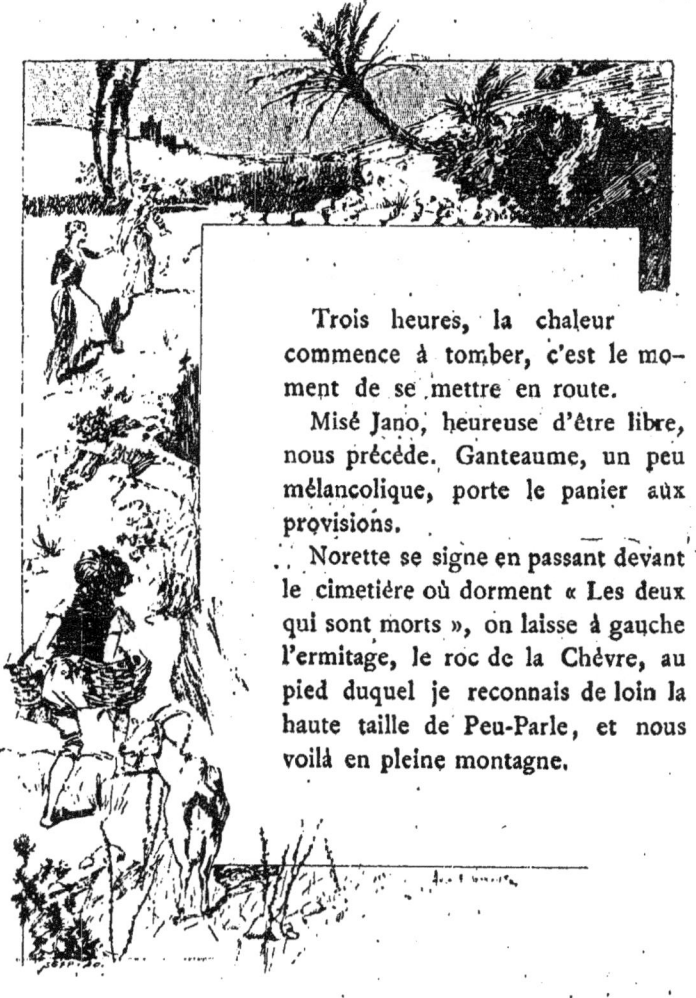

Trois heures, la chaleur commence à tomber, c'est le moment de se mettre en route.

Misé Jano, heureuse d'être libre, nous précède. Ganteaume, un peu mélancolique, porte le panier aux provisions.

Norette se signe en passant devant le cimetière où dorment « Les deux qui sont morts », on laisse à gauche l'ermitage, le roc de la Chèvre, au pied duquel je reconnais de loin la haute taille de Peu-Parle, et nous voilà en pleine montagne.

A droite, à gauche, des rochers gris-bleu où, çà et là, l'arrachement de blocs éboulés laisse de larges taches blanches, que les immortelles sauvages brodent de leur feuillage d'argent pâle et de leurs rigides grappes d'or.

Au pied des rochers, ce sont de grands chardons pareils à des acanthes, des genévriers aux baies violettes, des carcubiers bossus décorant leur sombre verdure de gousses luisantes, comme vernissées, et des pins dont les branches basses, tranchées par la hache, pleurent des larmes d'ambre au soleil.

Sur tout cela, dans la pénétrante odeur des romarins et des lavandes, un grand silence à peine troublé par quelque chant d'oiseau — grêle et fin, en harmonie avec le paysage — et le bruit d'innombrables limaçons vides qui jonchant le sentier, s'écrasent et craquent sous nos pas.

Ganteaume et Misé Jano sont devant.

Nous marchons côte à côte avec Norette, la main dans la main, sans rien nous dire. Parfois nous retournant, éblouis de lumière, entre les troncs lisse des pins, par delà les pentes brulées, nous voyons le bleu de la mer.

— « Nous voici arrivés ! goûtons d'abord », s'écrie Norette.

Ganteaume déballe les provisions, on s'installe sur l'herbe fine ; et, pendant quelques instants, un appétit noblement gagné par cette pittoresque mais rude montée, nous fait oublier nos soucis d'amour.

— « Maintenant, pendant que je vais cueillir mes fleurs, libre à vous de contempler le paysage. »

Et Norette éclate de rire, toujours charmante et malicieuse.

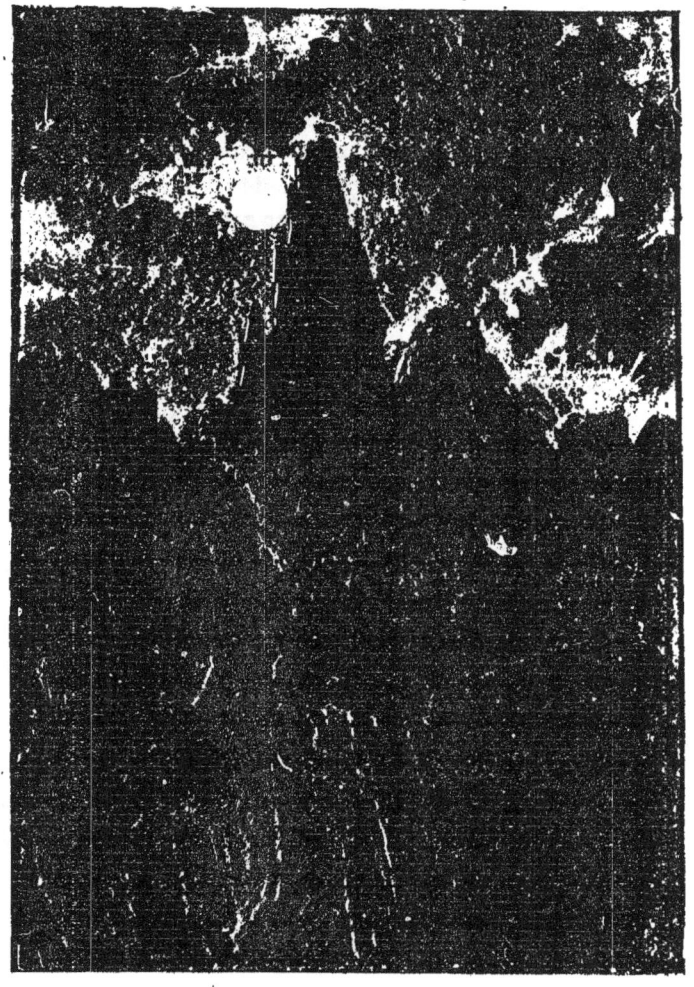

Je relève la tête, mais le paysage a disparu... Un brouillard taquin, comme, à cette saison, il en rampe au flanc des montagnes, nous a sournoisement enveloppés. Un gentil brouillard, certes! vrai brouillard de Provence, blanc, clair, léger comme une gaze et tout pénétré de rayons. Arrivant sur nous par petits nuages pressés, il n'en cache pas moins l'étendue. Et d'en bas, tout près, le vent nous apporte les cocoricos des coqs dans les fermes, le bruit continu des flots.

— « C'est gentil de se savoir seuls ! »

En effet, la brume gagnant peu à peu, nous voilà maintenant noyés dans une atmosphère de nacre et d'opale, lumineuse pourtant, où Norette apparait grandie, comme transfigurée, et sur laquelle, visibles à deux pas de nous, se découpent, avec une singulière vigueur, quelques tiges de graminées, et la silhouette d'un figuier enraciné au rebord du précipice.

Tout à coup, Norette s'agenouille près du figuier, elle se penche, elle m'appelle. J'arrive à temps pour la relever, un instant dans mes bras, riante et frémissante.

— « Ah! Ganteaume, que j'ai eu peur! »

Heureuse d'avoir été secourue par moi, effrayée encore du léger péril, et ne sachant comment exprimer cette émotion complexe, bravement, follement, n'écoutant que son cœur, elle embrasse... M. Ganteaume.

Et ce baiser, en contentant Norette, fit encore deux heureux par surcroît: Ganteaume qui l'avait reçu, et moi qui me le savait indirectement destiné.

XXX

SAINTE-SARE

— « Bon! conclut Norette, ceci n'est rien, puisque j'ai tout de même mon bouquet...Voyons, Ganteaume : le ruban? le cierge? le carré de drap rouge? Et maintenant il s'agirait de ne plus perdre une minute si nous voulons passer par le Pas du Sarrazin... Ganteaume! appelez Misé Jano... Heureusement que la brume ne doit pas s'étendre bien bas, et que je sais le bon chemin.

En effet, la brume n'était qu'une ligne mince et droite, coupant la montagne. En quelques pas nous l'avions franchie, et, tandis que ses légers flocons, enveloppaient encore Misé Jano et Ganteaume, nous nous trouvions déjà, avec Norette, dans la lumière et le soleil.

Quel est ce Pas du Sarrazin, où me mène Norette? Car Norette, je m'en aperçois, commence à me mener comme elle veut, et mes amis s'amuseraient, eux qui ont connu mon

indépendance, de me voir ainsi, en l'honneur de la Chèvre
d'Or, obéir au caprice d'une petite paysanne. Mais est-ce que
depuis quatre jours, depuis l'aventure des fleurs jetées, j'y
songe seulement à cette Chèvre d'Or?

Norette daigne m'expliquer que le Pas du Sarrazin est un
étroit défilé fermant du côté de la mer le plus important des
trois vallons qui conduisent au Puget-Maure. Il s'y est jadis
livré des batailles, et, de chaque côté, s'amorçant à la roche,
on voit des restes de barricade.

— « La chose pourra peut-être vous intéresser, monsieur
le savant ! »

Mais dans la pensée de Norette, notre excursion n'a rien de
spécialement archéologique. Le pas du Sarrazin s'ouvre
presque en plaine, à un demi-kilomètre de la route menant à
Fréjus. L'endroit, quoique sauvage et solitaire, est accessible
aux charriots, et les Bohêmiens, avec leurs caravanes roulantes, se détournent volontiers pour y faire halte, lorsqu'au
changement de saison, ils rejoignent leurs quartiers d'hiver.

Or les Bohémiens sont arrivés. Ils attendent Norette avertie
et qui doit leur confier une mission des plus graves. Comme
ils s'en vont à Notre-Dame-de-la-Mer, c'est eux que Norette
chargera de déposer le bouquet noué du ruban et de faire
brûler le cierge sur le tombeau de sainte Sare.

— « Sainte-Sare ? »

— « Vous ne connaissez pas Sainte-Sare, la fidèle servante
des Trois-Maries, qui, venue avec elles en Provence, après
la mort du Christ, sur une barque sans voile et sans rames,
mourut près de Marie Jacobé et de Marie Salomé, en l'île de

Camargue, entre les deux Rhônes, pendant que Marie Magdeleine pleurait au désert.

D'Aygues-Mortes à Fos, le long du golfe, autour des grands étangs, il n'y a pas un matelot, ni un pêcheur, pas un gardien

de taureaux et pas un meneur de cavales, qui ne connaisse sa légende.

Depuis, dans la magnifique église que la Provence a bâtie, Jacobé et Salomé, habitent, au-dessus de l'autel, une chapelle aérienne d'où l'on voit — mon père m'y conduisit, étant petite — des plages sans fin et la mer.

Sainte-Sare, dédaignée se contente d'une humble crypte; où seule, ou peu s'en faut, les Bohémiens la vénèrent parce qu'elle était, prétendent-ils, de leur race et de leur couleur..... »

Nous approchions du campement, presque désert, les hommes et tout ce qui avait plus de dix ans, étant parti en expédition, dès le matin. Rien qu'une vieille femme restée pour faire bouillir le pot, soigner le cheval, et surveiller une demi-douzaine de marmots noirs comme charbon, qui, tout nus, se roulaient dans l'herbe.

C'est à la vieille précisément que Mlle Norette avait affaire.

Elle a donné le morceau d'étoffe rouge à la vieille qui, tout de suite, — où diantre la coquetterie va-t-elle se nicher? — se l'est épinglé au corsage. Puis elles se sont mises à causer, à me regarder, tandis que le plus jeune et le plus crépu des marmots tétait, le ventre en l'air, cramponné aux poils dorés de Misé Jano, et que les autres donnaient l'assaut aux débris de provisions restés dans le panier que Ganteaume portait. Après quoi, tous, y compris le nourrisson improvisé, sont venus me mendier quelques pincées de tabac pour bourrer leurs pipes, culottées déjà, et se rouler des cigarettes.

La vieille nous a dit :

— « Soyez sans crainte, avant qu'il soit huit jours, le cierge brûlera sur le tombeau, près de ces fleurs dont les graines vinrent d'Orient, et j'aurai, pour vous la rendre

favorable, dit les paroles en langue inconnue que sainte Sare aime entendre.

Elle ajoute, s'adressant à moi :

— « Tout le bonheur vous était dû ! »

Puis, à Norette, avec des douceurs dans la voix, des nuances de flatterie qui m'étonnent un peu dans cette bouche d'immémoriale sorcière :

— « Elle est si noble et si belle, la demoiselle du Puget-Maure ! belle et brune comme Sara, noble comme la princesse dont elle m'a apporté les fleurs... Si elle voulait, nous la ferions reine — mais elle ne veut pas, son Destin est ailleurs ; — nous la ferions reine au village des Saintes, selon la coutume, dans le rond de nos chariots, sur un trône en plein air, parée de diamants et d'or... Et le peuple l'admirerait, et de la voir ainsi, les gardiens de Camargue, serrant le mors à leurs chevaux blancs, envieraient et deviendraient pâles... »

La vieille ne s'arrêtait plus.

— « Partons ! » dit Norette qui feignait de rire, mais visiblement gênée, en ma présence, par ce flux d'énigmatiques paroles.

Le soleil avait disparu. Nous dûmes nous presser pour être de retour au Puget-Maure avant la nuit.

Cependant Norette, ingénument exaltée, me racontait qu'elle s'appelait Sara, comme sa mère, et que Sainte Sare était leur patronne... Maintenant, elle se sentait plus heureuse, sûre de la protection de sainte Sare pour quelque chose qu'elle ne me disait pas, mais que son regard, bien qu'à chaque fois il se détournât du mien, me faisait deviner.

Sans la présence de Ganteaume, Norette m'en eut peut-être dit davantage.

Malgré l'impatience de M. Honnorat, dont l'appétit n'avait pas attendu, et la sourde révolte de Saladine, elle voulut encore me montrer, avant le dîner, un morceau de bois assez informe que je n'avais pas encore remarqué dans son musée des souvenirs.

— « Tenez ! la voilà, sainte Sare, la protectrice des Gazan ! Nous l'avons depuis plus de trois cents ans dans la famille. Admirez-la, au moins. Elle n'est pas belle, mais je l'aime. »

C'était une de ces antiques images dont la dorure, en s'oxydant, prend des tons d'ébène, et que l'imagination populaire transforme volontiers en vierges noires longtemps enfouies, puis un beau jour miraculeusement découvertes, dans quelque hallier qu'on défriche, par les deux bœufs de labour meuglant et agenouillés.

Seulement, sainte Sare, avec son profil oriental, très caractéristique malgré la naïveté du ciseau, avec les légères traces d'or restées aux plis du long manteau et aux torsades de la coiffure, avait un petit air païen qu'en général les vierges n'ont pas, et ressemblait à une sultane qui aurait ressemblé à Norette.

XXXI

PREMIER BAISER

Il serait prudent de partir, et patron Ruf avait raison. Toute la nuit, ne pouvant dormir, j'ai donné raison à patron Ruf.

Les choses vont trop vite à mon gré, Norette est trop dangereusement ingénue. La pente de notre amourette — si ma fantaisie s'y attardait — a chance d'aboutir au mariage.

Voilà où me conduirait la Chèvre d'or!

Sans compter que, par une étrange contradiction, m'étant mis en tête de me faire aimer de Norette à cause de la Chèvre d'or, depuis que Norette m'aime, j'ai oublié la Chèvre d'or, et ne pense plus qu'à Norette.

Passe encore pour la sentimentale histoire des bouquets, passe pour Sainte-Sare et les fiançailles à la mode Bohémienne ! Mais hier, il s'est passé quelque chose de plus grave.

Le clair de lune était magnifique, et l'on prolongeait la

soirée au jardin. Nous étions assis, Norette et moi, sur le banc de pierre. M. Honnorat nous tournait le dos, fumait sa pipe et rêvassait, appuyé des deux coudes à la crête du petit mur.

Nous causions doucement, de choses indifférentes, comme causent les amoureux, une émotion se devinant sous le flot des paroles vaines.

Les dents de Norette brillaient. Je songeais, vaguement jaloux — l'amour est fait de ces sottises — à l'enfantin baiser dont Ganteaume connaissait la douceur.

J'aurais dû me méfier. Mais je me croyais bien tranquille, puisque M. Honnorat était là et que la lune nous gardait.

Tout à coup, de sa bonne grosse voix, M. Honnorat s'écrie :
— « Bon ! voilà la lune qui passe derrière le pic de l'Aigle, nous en avons pour cinq minutes. »

Comme si un rideau fut tombé, tout le jardin se trouva dans l'ombre. Nous cessâmes de parler. La main de Norette chercha ma main.

Et quand, par degrés démasquée, la lune pleine reparut, je n'avais plus à être jaloux de Ganteaume.....

Oui ! il serait prudent de partir.

Mais tout semble se conjurer contre moi : la lune après le brouillard, et le mistral après la lune.

Ce matin, comme je m'apprêtais, mon départ irrévocablement décidé, à traverser la place pour régler le compte du *Bacchus Navigateur*, je me suis heurté à Saladine qui, fiévreuse, verrouillait la porte, en général grande ouverte, du passage d'Ane.

— « Sortir ? Jésus, Marie ! y pensez-vous ? s'est-elle écriée,

les yeux au ciel, en faisant craquer ses mains ridées. Mais, par un temps pareil, le Père-Éternel resterait chez lui. Écoutez un peu cette musique. Il pleut des tuiles, les arbres se rompent, l'eau des fontaines s'envole en farine, et tout à l'heure, voulant aller chez un voisin, à deux pas, où tourne la rue, de peur de me voir emportée, j'ai dû me cramponner au mur, et je recevais dans la figure, en guise de sable, des poignées de cailloux plus gros que les dragées d'un baptême.

— C'est le mistral ?
— C'est le mistral.
— Et le mistral dure longtemps ?
— Jamais moins de trois jours, quelquefois six, mais neuf jours le plus souvent, m'a répondu Saladine.

XXXII

LE MISTRAL

Norette aussi a voulu sortir. Mais au moment où, hésitante, elle posait le pied sur les premiers pavés de la place, une rafale l'enveloppa, brusque, violente et glacée.

— « Monsieur ?... Saladine ?... au secours !... »

La Chèvre d'Or, par Paul Arène,   Bibliothèque de l'*Illustré Moderne*.

Elle riait, ses yeux mi-clos, abrités sous leurs longs cils bruns, sa robe, que le vent tordait, laissait voir sa fine cheville, et, du coup, comme la poussière d'eau des fontaines, et comme les pierreuses dragées reçues par cette excellente Saladine, toutes mes sages résolutions s'envolèrent.

— « Montons au troisième étage, et de là-haut, bien à l'abri, nous regarderons le Mistral souffler. »

— Nous l'écouterons aussi ?

— Rassurez-vous ! même sans qu'on l'en prie, il se charge de se faire entendre.

Le ciel était bleu, d'un bleu dur et uni de pierre précieuse, mais aucun oiseau n'y volait ; et, devant la maison commune, le vieux peuplier de 48, secouant ses feuilles luisantes, saluait, jusqu'à toucher terre, sa majesté le Mistral.

Par moments, le vent se taisait et le peuplier restait immobile.

Puis, après un intervalle de profond silence, c'était, parti du lointain, un bruit de houle qui montait, grandissait et nous donnait l'assaut, vague invisible, se brisant — comme si c'eût été une falaise — autour du petit logis collé à son roc.

— « De toute la nuit, je n'ai pu dormir, disait Norette, je pensais aux pauvres gens qui sont en mer. »

Et cette idée, l'idée de patron Ruf seul, par un temps pareil, dans sa barque, donnait à Ganteaume des envies de pleurer.

A deux reprises, après le troisième et le sixième jour, ce mistral obstiné renouvela son bail, et neuf jours durant, prisonniers du vent, gardés par la tempête, nous goutâmes,

Norette et moi, les plaisirs d'un perpétuel tête-à-tête, d'autant plus délicieux que nous ne l'avions pas cherché.

Grâce au mistral, toutes les habitudes de la maison étaient bouleversées.

On ne voyait plus Saladine, qui, énervée, incapable de tenir en place, et courant tout le jour de la cuisine au grenier — vieille chatte que le vent affole — paraissait seulement pour les repas.

L'air était froid malgré la saison et quoique le soleil fut joyeux à travers les vitres. Un froid taquin, paradoxal, qui s'en prenait aux nerfs. M. Honnorat, taciturne et bougon, restait, du matin au soir, devant un grand feu de sarments, occupé à soigner je ne sais quelles fièvres imaginaires rapportées du Sénégal et que le mistral réveillait, et personnellement blessé de ce que le maudit vent semblait vouloir le poursuivre jusque chez lui, s'introduisant par la cheminée, faisant s'envoler les cendres, et des flammes claires se rabattre jusque sur la traverse du landier.

Quant à Ganteaume, il profite du désarroi général pour disparaître, partant à heure fixe, des après-midi tout entières. Il s'en va, je le lui ai fait avouer, il s'en va, ses poches pleines de cailloux, de peur que le vent ne l'enlève, retrouver son ami Peu-Parle dans la montagne.

Heureux Ganteaume ! Il pense toujours à la Chèvre d'Or, et cela le console un peu de Norette.

Moi, je ne pense qu'à Norette. Je suis prêt à rester ainsi, loin de tous, sans rien regretter, aussi longtemps qu'il plaira aux follets de l'air qui mènent vacarme autour de notre tourelle enchantée.

D'autres fois, quand le vent redouble, assis à côté de Norette, il nous semble que tout va partir, que les murs tanguent et s'ébranent, et nous faisons le rêve de nous trouver seuls, tranquilles et perdus sur l'infini des flots, dans un naufrage sans danger.

Presque tous les jours, vers une heure, il se produit une accalmie.

Nous nous réfugions alors sur ma terrasse. Je sais là un angle où la tempête ne donne pas. Le soleil est doux. Tout cependant frissonne encore, et des tourbillons de poussière blanche courent se poursuivant sur les routes solitaires.

Mais bientôt le mistral reprend avec rage. Comment traverser la terrasse? Et Norette, qui feint d'avoir peur, se suspend, espiègle, à mon bras.

Un matin, le mistral ne souffla plus.

La mer était bleue au lointain et les arbres avaient apaisé leur feuillage.

On entendait, montant de la rue, des voix joyeuses de femmes et d'enfants; et là-haut, au voisinage des toits, dans le ciel balayé, les martinets, en ronde éperdue, passant dans le soleil avec des reflets d'acier, poussaient leurs cris stridents pareils au bruit de la faucille qui scie le blé mûr.

— « Vous voilà délivré ?

— Hélas ! oui, mademoiselle Norette ; mais j'eusse autant aimé que ma prison durât éternellement. »

Le rêve des neuf jours était fini, la réalité allait me reprendre.

Robinson eut peur en trouvant l'empreinte d'un pied nu sur le sable de son île, qu'il croyait déserte. J'eprouvai, ce jour-là, une émotion aussi désagréable ; car, sorti pour faire un tour de promenade, la première personne que je rencontrai, ce fut Galfar, tout de neuf vêtu, la barbe taillée, ainsi que patron Ruf me l'avait décrit, mais toujours suivi de son éternel chien, et son éternel fusil sur l'épaule.

Je dois constater toutefois, que l'ayant salué, M. Galfar daigna me rendre mon salut.

XXXIII

CARTES SUR TABLE

La journée me réservait encore une autre surprise.

J'avais à peine dépassé l'antique porte du village, que j'entends courir derrière moi. C'est Ganteaume soufflant, affairé :

— « Un monsieur vous attend à l'auberge, un vieux monsieur qui a des lunettes. Il voudrait vous parler. Je pense que c'est pour la Chèvre d'Or.

— Depuis quelque temps, vous vous occupez un peu trop de la Chèvre d'Or, ami Ganteaume...... Qui empêchait, d'ailleurs, le monsieur à lunettes de venir me trouver chez moi ?

— Je le lui ai dit, mais il préfère...

— C'est bien ! Va devant, je te suis ! »

Le personnage qui m'attendait n'était autre que l'excellent M. Blaise Pascal, M. Blaise, citoyen de Monte-Carlo et professeur juré de trente et quarante et de roulette.

Ce vieux fou m'a tenu le plus raisonnable des discours.

— « Jouons cartes sur table. Je pourrais vous en vouloir, étant persuadé que, sans ma proposition d'il y a six mois et les imprudentes paroles échappées à Galfar ivre, vous n'eussiez jamais, tout seul, trouvé la piste de la Chèvre d'Or... Vous dites non. Tant mieux ! Il me répugnait de vous supposer capable d'une indélicatesse ! Admettons qu'un hasard seul vous a conduit ici — c'est possible, je crois au hasard — et qu'une série d'autres hasards interprétés par la réflexion aient fini par vous faire connaître une partie de notre secret.

Mais, il n'en est pas moins vrai que Galfar, avec assez de vraisemblance, vous accuse de le lui avoir volé, ce secret. Il n'en est pas moins vrai que Galfar — qui, lui aussi, voulut l'épouser — fera l'impossible pour empêcher le mariage que vous rêvez avec sa cousine Norette.

Mais sur ce dernier point, moyennant certaines conditions, je me charge de faire entendre raison à Galfar.

Pourquoi ne pas nous associer ? Ce que vous savez, nous le savons : l'ombre indiquant la place où une cassette est enfouie ; et les papiers ou parchemins contenus dans cette cassette indiquant à leur tour l'entrée, cachée par une pierre mouvante, des souterrains où gît le trésor. Ce qui vous manque, nous manque aussi. C'est — vous voyez que je joue, ainsi que je l'ai promis, cartes sur table — c'est une clochette en argent, d'apparence talismanique, qui fut un instant dans vos mains, — ne niez pas : Ganteaume l'a dit à Peu-Parle et Peu-Parle me l'a répété, — et que vous avez rendue aussitôt parce que, mal renseigné encore, vous en ignoriez l'importance, et parce que vous n'avez pas même songé à dessiner l'inscription, pourtant curieuse, qu'elle porte. Tenez, afin de vous prouver ma bonne foi, je vous dirai que cette inscription est tout simplement du grec écrit à l'envers en caractères arabes, suivant la méthode naïve des cryptographes d'autrefois. La déchiffrer serait un jeu. Mais, pour la déchiffrer, il faut l'avoir, et on ne l'aura qu'en devenant l'époux de Mlle Norette.

Maintenant, si vous voulez savoir pourquoi un pareil trésor est resté si longtemps inviolé, et pourquoi leurs femmes étant dépositaires du secret, pendant six cents ans, les Galfar et les Gazan ont, plutôt que d'y toucher, laissé tomber leurs créneaux et crouler leurs tours, je répondrai qu'il y a là une cause mystérieuse, et que, si je la savais, je n'aurais peut-être pas besoin de vous.

Et si vous voulez savoir encore comment j'ai appris toutes ces choses, je vous dirai que Galfar me les confia un matin que je revenais d'Afrique, et que, pieds nus, il lavait le pont du paquebot.

Lui tient cela des traditions de sa famille. — « Et dire, s'écriait-il, en montrant de son écouvillon mouillé un village de la côte, tout blanc sur un pic, — le village même où nous sommes, — dire que je suis ici à râcler des planches, les jambes dans l'eau, tandis que là-haut, avec un peu d'argent et un peu d'aide, en quinze jours, je serais maître d'un incalculable trésor ! »

J'écoutai Galfar, je suis homme pratique. Je trouvai de l'argent pour lui, et le mis en posture de faire sa cour à Norette, mais il ne réussit point ; qu'attendre d'un simple matelot ? C'est alors que je songeai à vous mettre dans l'affaire. N'étant point homme pratique, vous eûtes le tort de refuser. Acceptez aujourd'hui, et il n'y aura eu que du temps perdu. Ennemis, nous nous nuirons ; amis, la réussite est sûre. Nous partageons par trois : vous épousez Norette, et je donne ma fille, — car j'ai une fille, musicienne et blonde, — à Galfar. »

Ce diable d'homme, avec son éloquence, avait presque fini par me tenter.

Je croyais voir, pendant qu'il parlait, l'ombre portée du roc, le trou, la cassette, puis derrière la pierre tournante, l'étroit souterrain des légendes, peuplé d'innombrables chauves-souris, dont le vol obscur et silencieux semble un frôlement de fantômes et des portes, des portes, des portes, hérissées de clous, s'enguirlandant, — ô merveilles du fer forgé ! — d'ornements défensifs à la mode arabe ; je croyais voir surtout le dernier réduit, le caveau en cul-de-sac bourré, comme dit Peu-Parle à Ganteaume, de diamants et d' « or en barre ! »

Quel beau rêve à réaliser ! quel renouvellement de vie large et libre ! Car enfin cette prétendue civilisation, à la fois très raffinée et très financière, enchaîne les mains, entrave les jambes tout en élargissant les cerveaux, et cantonne par matérielle indigence, notre pauvre corps dans un coin, tandis que l'esprit au corps lié, souffre de ne pouvoir prendre son vol et réaliser le divin sur terre !

Par malheur, au moment où je me laissais ainsi emporter sur les ailes de la chimère, M. Blaise, — horrible décidément, — eut la fâcheuse inspiration d'étaler devant moi, sur la table, les sortant d'un portefeuille d'ailleurs indécemment crasseux,

trois papiers timbrés, nos traités libellés d'avance et qu'il n'y avait plus qu'à signer.

J'eus honte pour la Chèvre d'Or, je fus humilié pour Norette, de les voir marchander ainsi.

— « Assez, monsieur Blaise, répondis-je au bonhomme, qu'il s'agisse des trésors du roi de Majorque ou de l'amour de Mlle Norette, et même de tous les deux ensemble, j'en fais assez haut cas pour désirer les conquérir à moi seul.

— Ainsi, vous refusez ?

— Je refuse.

— Alors c'est la guerre.

— Va pour la guerre !

— J'ai fait ce que j'ai pu, je m'en lave les mains, » conclut M. Blaise.

Et M. Blaise me regardait de cet air triste et apitoyé qu'on ne peut s'empêcher de prendre en regardant les fous.

XXXIV

GUERRE DÉCLARÉE.

C'est vraiment la guerre !

En quelques jours, se servant habilement des imprudences de Ganteaume, des radotages de Peu-Parle, Galfar et l'estimable M. Blaise ont su ameuter tout le Puget-Maure contre moi.

La chose ne leur a pas été difficile avec cette population de paysans libres et fiers, prompts à rêver trésors pendant les loisirs que leur fait une existence de demi-paresse orientale, tous d'ailleurs plus ou moins faiseurs de poudre ou braconniers, et chez qui, pour un rien, en subites colères, se réveille le vieux sang des pirates.

Ils s'étaient habitués à vivre pauvres sous leurs oliviers, parmi leurs ravins, se consolant, — comme Peu-Parle, — à l'idée qu'ils pouvaient se dire riches, après tout.

Cette illusion dorait leur misère, et les faisait regarder de haut les habitants des autres villages.

Chacun d'eux, vaguement, obscurément, espérait qu'un jour, en défrichant quelque aride plateau fleuri de touffes de lavande, deux ou trois coups de pioche heureux mettraient

à découvert l'entrée de la caverne féérique. Lequel d'entre eux ne se souvenait pas, étant à l'affût, d'avoir entendu bêler la Chèvre et tinter sa claire clochette ?

Que la Chèvre continue, comme par le passé, à dormir sur une litière d'or au fond de sa retraite ignorée, et que les sequins, les lingots du roi de Majorque restent sous terre

La Chèvre d'Or, par Paul Arène, Bibliothèque de l'*Illustré Moderne*.

pour toujours, ils en sont contents, ils l'admettent sans désirer plus.

Mais je viendrais, étant étranger, à moi tout seul, les voler tous et ravir l'immémorial héritage du Puget-Maure? Ceci aussitôt fait scandale, allume les haines et déchaîne les convoitises.

Je suis surveillé, suspecté.

Dans les rues, je surprends, à chaque tournant, des regards, des gestes hostiles. Les femmes, me montrant, se parlent à voix basse. Les enfants ne m'injurient pas encore, mais déjà ils oublient de me saluer.

Aux champs, il n'y a pas de coin de muraille, il n'y a pas de tronc d'arbre ni de bouquet de cactus où je ne devine, m'épiant, un œil soupçonneux et noir, et ce n'est plus uniquement par contenance que je prends mon fusil lorsque je sors en promenade.

Le curé lui-même, cet excellent abbé Sèbe, par amour de a paix, se détourne de moi.

Seul, Peu-Parle ne craint pas de rester notre ami.

Ganteaume va le voir tous les jours, dans son désert, malgré ma recommandation de prudence; et, causant avec lui de la Chèvre d'Or, s'exalte aux divagations fatalistes et visionnaires du bonhomme.

Mais hier, Ganteaume qu'enveloppe la tempête déchaînée sur moi, Ganteaume est rentré tout meurtri, après un combat à coups de pierres héroïquement soutenu contre une embuscade des gamins du pays.

Mlle Norette l'a pansé.

Je suis devenu triste, me rappelant cette parole de Peu-Parle : « Il y a du sang, des gouttes rouges, mêlées aux traces d'or que laisse la Chèvre sur les rochers. »

Pansé par Mlle Norette, Ganteaume était tout radieux.

XXXV

LES DEUX QUI SONT MORTS

J'accusais le curé à tort. Aujourd'hui même j'ai reçu sa visite. Mais cette visite ne produira pas l'effet que l'excellent homme en espère, car il voulait me faire renoncer au trésor, et n'a réussi qu'à me rendre plus certain de son existence.

J'étais dans ma chambre en train de paperasser, quand, m'approchant de la fenêtre, j'ai aperçu l'abbé Sébe qui, discrètement, comme s'il avait eu peur d'être épié, sortait par la petite porte du presbytère, regardait la tour, et se dirigeait de mon côté.

Pendant la demi-heure qui précède la fin du jour, rues et ruelles sont désertes. Dans leurs maisons, dont le toit fume, les femmes enfermées préparent le repas du soir, les hommes ne rentrent pas encore des champs. L'abbé Sébe pouvait venir chez moi sans rencontrer personne.

Après quelques instants, on frappe. C'est l'abbé, visiblement ému et gêné. Il souffle, il s'essouffle pour deux misérables étages, lui qui gravissait, sans perdre haleine, les plus escarpés raidillons, et son chapeau, pétri à deux poings, prend des formes extraordinaires.

Je lui offre, pour le mettre à l'aise, un verre d'eau-de-vie de myrte. Il s'assied, nous trinquons ; alors seulement il ose parler.

— « Et dire, s'écrie-t-il, que par la faute de Ganteaume, deux hommes qui s'aiment et s'estiment, en sont réduits à ne plus se voir ! »

Ce début m'étonne !

— « Pourquoi donc ne nous verrions-nous plus, mon cher abbé, et, dans tous les cas, qu'est-ce que l'ingénieux Ganteaume peut avoir à faire en ceci ?

— Ganteaume ! Mais vous ignorez donc son dernier exploit. Vous ne savez pas que, devenu le disciple du vieux Peu-Parle, et partageant toutes ses folies, il a essayé, avant-hier, d'évoquer le diable, à minuit, dans un carrefour. Ne dites pas non : je l'ai surpris, debout, le grimoire à la main, au milieu d'un rond, entre trois cierges. Je descendais, mon clergeon éclairant le chemin avec la lanterne, du Mas des Truphémus où j'étais allé porter le bon Dieu. Ganteaume criait, se démenait...

— Et le diable n'est pas venu ?

— Non ! mais au seul aspect de mon ombre, au seul aspect de la lanterne, Ganteaume, pris de mâle-peur, a laissé là ses cierges et couru jusqu'au village. J'avais recommandé au petit clergeon de se taire. Malheureusement, il a bavardé. Et, déjà compromis comme chercheur de trésors, vous voilà en train de passer pour sorcier, grâce à Ganteaume. Au four, au lavoir, à la fontaine, partout où se trouvent deux commères, il ne s'agit plus que de vous... Et de moi aussi, hélas ! car, ayant essayé de vous défendre, les gens me soupçonnent déjà d'être du noir complot, ourdi par vous contre la Chèvre d'Or ! »

L'abbé riait. Mais, tout à coup devenu grave :

— Écoutez, ajouta-t-il, par mon caractère, par ma robe, je suis responsable de la paix du village, et les choses qui s'y passent depuis quelques jours m'ont douloureusement affecté.

Je ne vous accuse pas, je m'accuse. J'aurais dû me taire au sujet de l'inscription de l'ermitage, j'aurais dû vous tenir caché le livre de raison des Gazan. Mais puisque c'est fait, le mieux sera que vous sachiez tout.

Je ne dirai pas : dans votre intérêt ! mais, dans l'intérêt de M. Honnorat, dans celui de Mlle Norette, partez, renoncez à la Chèvre d'Or. Vous reviendrez plus tard, après six mois, un an, quand les préventions auront disparu, quand les colères seront apaisées.

Vous avez le droit, sur des espérances peut-être chimériques, de risquer votre tranquillité, non celle des autres. Or, Galfar est capable de tout, et un crime ne se prévient pas ».

Je voulus interrompre l'abbé. Mais il avait pris le livre de raison, parmi mes papiers, sur ma table :

— Si vous saviez ! Toujours la Chèvre d'Or a attiré quelque malheur sur la demeure des Gazan ; c'est pour cela qu'ils n'en parlent jamais et que personne ne leur en parle... Bien des pages, vous avez dû le remarquer, manquent à ce livre.

C'est moi-même qui, à la prière de Mme Honnorat expirante, les ai toutes arrachées et brûlées pour faire disparaître les dernières traces d'un drame presque oublié aujourd'hui, mais dont le sanglant souvenir s'éleva longtemps, comme un mur de haine, entre les Galfar et les Gazan. Toutes les pages ? Non ! Avant de me confier le livre, Mme Honnorat, de ses mains tremblantes, se faisant aider par Norette, qui pouvait avoir douze ans, en déchira une, qu'elle garda... Peut-être contenait-elle le secret du trésor ? Peut-être Mlle Norette la possède-t-elle encore? Peu importe ! Ce sont là secrets de famille qu'il ne m'appartient pas de pénétrer.

Mais en présence de l'aventure où vous paraissez vouloir vous engager, j'ai le devoir de vous faire connaître — comme exemple — l'événement tel qu'il était relaté sur les pages par moi détruites.

Vers l'année 1500, deux frères, deux Gazan, se trouvèrent en rivalité pour épouser leur cousine, qui était une Galfar. Non qu'ils l'aimassent ! Elle était, il est vrai, admirablement belle ; mais aussi pauvres l'un que l'autre, s'étant ruinés, l'aîné à faire ses caravanes sur mer, l'autre dans les tripots d'Avignon, sous prétexte d'étudier la médecine, c'est surtout le secret du trésor qu'ils désiraient d'elle.

Aucun ne voulait céder. Ils se querellèrent, et le cadet souffleta l'aîné.

Puis, sans que personne les vît, un soir, tous deux Caïn, tous deux Abel, ils allèrent dans la montagne, du côté de la chapelle que déjà un ermite gardait.

Au milieu de la nuit, l'ermite crut rêver que quelqu'un appait de grands coups à sa porte, et, s'éveillant, il entendit crier : « Au secours ! J'ai tué mon frère ! » Alors, étant sorti, il vit à la clarté des étoiles, dans l'herbe du cimetière, un jeune homme étendu, dont un cavalier, plus âgé, mais lui ressemblant singulièrement, soutenait la tête.

Comme le jeune homme se mourait, l'ermite le confessa. Et quand le jeune homme fut mort, le cavalier qui se tenait debout appuyé au mur, dit : « Mon père, il est grand temps que vous me confessiez aussi ! » Alors l'ermite, se retournant, vit sur son pourpoint ensanglanté le manche d'un long poignard qu'il s'était planté dans la poitrine. Et quand il fut confessé, le cavalier retira la lame et se coucha dans l'herbe à côté de son frère dont il baisait, en pleurant, les cheveux et les yeux.

Le matin, au moment de les ensevelir, on les trouva enlacés si étroitement que, pour séparer leurs cadavres, il aurait fallu briser les os des bras. On les mit ensemble, sans cercueil, dans la même fosse, et une messe fut fondée pour l'âme des deux qui sont morts.

C'est après demain, jour anniversaire, conclut l'abbé en se levant, que je célèbre cette messe.

— J'y assisterai dévotement avec Ganteaume, afin qu'on cesse de nous croire sorciers.

— Vous ne partez donc pas ?

— Non, certes ! même après cet émouvant récit.

— A votre volonté ! Mais il n'est pas prudent de tenter Dieu !

XXXVI

LE PASSAGE D'ANE

L'abbé me semble bien tragique.

Pourtant cette émotion dans le village est gênante, et les façons de Galtar commencent à me préoccuper.

Pourvu que Norette continue à me croire ingénument épris d'elle et ignore mes coquetteries avec la Chèvre d'Or ! Mais sur ce point, l'abbé me rassure. Personne ne parlera de la Chèvre d'Or devant Norette. Et d'ailleurs, à supposer une indiscrétion, le naturel de notre rencontre, mon indifférence quand j'ai trouvé la clochette, la façon dont je l'ai rendue, le silence que j'ai observé depuis, suffiraient à m'innocenter.

Galfar, absent quelques jours, vient de reparaître, amenant à sa suite un trio de parfaits brigands, — les mêmes, sans doute, que ceux avec lesquels patron Ruf l'a surpris en courence au cabaret de l'*Antico limon verde*.

Peut-être, décidé à chercher le trésor sur les insuffisantes données qu'il possède avec M. Blaise, compte-t-il les employer aux fouilles ? Auquel cas, il n'aurait pas tort, car ces Piémontais à figure ingrate sont, dès qu'il s'agit de remuer la terre ou de tutoyer le rocher, de vaillants et rudes ouvriers.

Peut-être aussi, et le choix, à en juger par leur seule mine, ne serait pas mauvais non plus dans ce cas, les destine-t-il à quelque ténébreux coup de main ? En attendant, pour tout travail, ils tiennent, au *Bacchus navigateur*, sous la présidence de Galfar, d'interminables séances, jouant la *mourre* du matin au soir, hurlant *tré ! cinque !* s'éborgnant de leurs doigts ouverts, et faisant, à grands coups de poing, tressauter les couteaux posés près de chaque joueur, sur la table, selon l'usage.

Galfar a également amené un âne surnommé Saladin, comme son prédécesseur, à l'intention de Saladine, et qu'il loge au fond du couloir, dans son écurie, en compagnie des trois Piémontais. Un bon petit âne, à poil brun, inconscient, j'en suis sûr, du rôle double que Galfar lui fait jouer.

Car Galfar a intenté un procès au malheureux M. Honnorat pour qu'on répare, à frais communs, le Passage d'Ane, sous prétexte que le pavé gondole et que Saladin a le sabot tendre ; puis le procès gagné, c'est Saladin qui, *dans les ensarris de sparterie* à califourchon sur son bât, s'en ira chercher au torrent le sable et les cailloux roulés.

Maintenant Saladin, par le sentier pendant, sous l'étroite porte de ville, fait philosophiquement le va-et-vient pour la restauration imaginée en son honneur, mais dont il se fut bien passé, et les paveurs pavent, prenant leurs aises, sans se presser, en gens, au contraire, désireux de faire durer la besogne.

Notre demeure, si paisible, est devenue inhabitable.

Dérangé dans son doux repos musulman, irrité chaque fois qu'il entre ou sort, d'avoir à franchir des barricades, M. Honnorat s'enferme chez lui et fume éperdument, cachant dans un nuage de tabac ses apoplectiques fureurs.

Saladine se montre le moins possible, ironiquement poursuivie de : « Hue ! Saladin, » qui la poignardent.

Mais Norette, fière, méprisante, après avoir, avec un sang-froid d'avocat, défendu sa cause en justice de paix, surveille les paveurs et les presse.

— « Qui paie a droit sur le travail ! » dit-elle sans s'inquiéter des grands airs de Galfar, lequel d'ailleurs devient singulièrement timide en sa présence. Et quand une affaire l'appelle, elle se fait remplacer par Ganteaume qui, fier de sa mission, s'installe sur un tas de sable en des attitudes à la fois pressantes et dignes.

Moi je suis inquiet en feignant de ne l'être pas. J'aime peu, sans compter Galfar, ces trois sacripants ainsi campés dans la maison où dort Norette.

XXXVII

COUP DOUBLE

Il est évident que je gêne Galfar.

Cet estimable faiseur de poudre a trouvé, pour me le faire savoir, un moyen vraiment peu commun.

J'étais parti en chasse de grand matin, un peu par désœuvrement, un peu par bravade, pour me prouver à moi-même que les sourdes menaces du Puget conjuré ne me font point peur, et aussi dans l'intention d'échapper aux doléances dont M. Honnorat m'accable.

Je suivais, mon fusil en bretelle et sans songer à mettre à mal le moindre gibier, le bord du vallon escarpé qui va contournant le plateau où se dresse le roc de la Chèvre.

Sur l'autre bord, les perdrix chantaient; mais l'abbé Sèbe n'étant plus là, je m'intéressais peu aux perdrix. Mes pensées, à ce moment, je ne sais pourquoi, étaient à Norette.

Un aboi de chien, d'un timbre connu, me tira de la rêverie.

Galfar suivait le bord opposé.

Nous n'étions séparés que par la largeur du vallon. Galfar certainement m'observait. Je me mis à l'observer aussi. Il menait une chasse étrange.

Deux fois, — très correctement levées par son chien, — les perdrix, une superbe compagnie de perdrix rouges, lui partirent au bout du canon ; deux fois il ne les tira point.

Quoique médiocre chasseur et nullement fanatique, j'enrageais.

Mais Galfar devait avoir son idée.

Au troisième vol, la compagnie prit un parti et, traquée, franchit le vallon, selon une tactique d'ailleurs connue.

On eut dit que Galfar attendait cela.

Je le vis sauter dans les ronces, disparaître, traverser le vallon, remonter la pente et reparaître à cinquante pas devant moi, portant son chien, empêché de le suivre, à bras tendu.

Et le voilà, avec son chien, qui prend les perdrix à revers comme pour les rabattre sur moi.

Le chien prend l'arrêt, va.

Les perdrix s'envolent du milieu d'un plan d'herbes sèches, là, devant mon nez, en rideau. Galfar épaule, — un instant, j'eus peur, tant la direction était la mienne, croyant qu'il allait faire feu sur moi. Il vise il tire : pan ! pan ! J'entends quelque chose siffler aux alentours de mes oreilles. Deux perdrix tombent à mes pieds.

Galfar s'approche, me salue. Galfar devient très gentilhomme depuis qu'il a des habits neufs.

— « Un joli coup double, lui dis-je.

La Chèvre d'Or, par Paul Arène.   Bibliothèque de l'*Illustré Moderne*.

— Peuh ! le mérite n'est pas grand quand on fait sa poudre soi-même. »

Puis il ramasse les deux perdreaux.

— « Voudriez-vous, — il n'y a pas d'offense puisque nous serons bientôt parents, — les porter à l'oncle Honnorat ? Ceci le consolera peut-être de tout le mauvais sang qu'il s'est fait depuis que je me suis mis en tête de réparer le chemin d'âne ? »

Et, soufflant dans la plume, Galfar ajouta :

— « Voyez : pas abîmés du tout, un seul trou ! Ici, pour épargner le plomb, nous tirons les perdreaux à balle. »

Je félicitai Galfar et me chargeai des perdreaux, ne voulant pas être avec lui en reste de courtoisie.

Son œil m'interrogeait, l'œil des blonds du Midi, fixe, d'un bleu dur, morceau de Méditerranée gelée.

J'estime que Galfar avait espéré me faire peur.

XXXVIII

LA PIERRE

Sans être ce qui s'appelle effrayé, je commence à craindre que mon aventure finisse par tourner au tragique. Je sens dans l'air, autour de moi, comme des dangers et des menaces dont le coup double de Galfar aurait été le significatif présage. Cet état de guerre ne me déplait pas. Quelque romanesque en rejaillit sur le fond un peu monotone de mon existence au Puget.

Norette semble plus émue. Elle connaît la haine que son brun cousin m'a vouée, et l'hommage ironique des perdreaux lui a donné à réfléchir. Mais elle ignore, par bonheur! que ce soit la Chèvre d'Or qui, en réalité, nous divise, et met ingénûment, présomptueusement cette haine, et, certes, je n'aurai garde de la détromper, au compte d'une jalousie amoureuse de Galfar.

C'est pourquoi — pour ne pas irriter Galfar davantage —

Norette m'a enjoint, confiante et prudente, de tenir secrets nos projets, et la demande en mariage, qui s'imposait à ma conscience, se trouve, jusqu'à nouvel ordre, ajournée.

— « Mon père est très courageux, dit Norette, ses aventures l'ont démontré. Courageux sur mer ! mais sur terre il éprouve un tel besoin de calme, une telle horreur de tout combat, que je le crois capable, en désirant notre bonheur, de vous refuser ma main et de l'accorder à Galfar, dans l'intérêt de ses digestions et pour la tranquillité de ses pipes. »

En attendant, nos amours vont leur train. Et même, peu à peu, par une pente naturelle, innocentes d'abord, elles sont devenues relativement coupables. Ailleurs, j'eusse résisté à moi-même. Mais ici, où Norette est seule, où je suis seul avec Norette, dans ce côte à côte de tous les jours, sous ce ciel, parmi ces parfums, ce silence, cette solitude, au milieu d'une nature indulgente, encourageante et complice, un instant, de tout cœur, j'ai cru aimer Norette.

Que les citadins me condamnent, Robinson me pardonnerait !

Tous les soirs, une fois sa lampe éteinte — c'était le signal — j'allais trouver au jardin Norette qui m'attendait, et nous passions là, en face du clair horizon, des heures délicieuses. Jusqu'au lointain, jusqu'à la mer, les collines se déroulaient vagues et frissonnantes. Les étoiles seules nous voyaient.

D'ordinaire, je me glissais par une petite porte communiquant avec le corridor et le Passage d'Ane.

Mais maintenant que le Passage d'Ane est occupé, la nuit

presque autant que le jour, par les Piémontais de Galfar, j'ai dû trouver un autre chemin.

Le mur, entourant le jardin, ne monte pas très haut avec son couronnement à balustres ; et, dans le rocher presque à pic qui le porte, une fissure se présente, où poussent quelques arbustes rabougris, et tout à fait propice à l'escalade.

C'est par là que je grimpe, jouant du coude et du genou, m'accrochant aux aspérités du calcaire, aux racines nues et résistantes des chênes-nains.

Tout en haut, une grosse pierre surplombe, sur laquelle je dois me hisser pour atteindre jusqu'au mur. La manœuvre n'est pas commode : Norette se penchant, m'y aide quelquefois.

Personne, d'ailleurs, ne peut nous voir. Saladine se couche avec les poules, et M. Honnorat fait comme elle, autant par orgueil que par hygiène, afin de pouvoir, se promenant dans les rues avant l'aube, étonner de ses habitudes matinales, les paysans qui vont aux champs.

M'a-t-on espionné ? Je le crois. Un soir — quelqu'un sans doute l'ayant nuitamment descellée — j'ai senti la pierre branler et se dérober sous mes pieds. La pierre a roulé, à grand bruit, pendant que je réussissais à empoigner un balustre, et que Norette, penchée sur le vide, sans un cri, me tendait les bras.

On cause de la chose ce matin, à déjeuner. Norette et moi feignons l'ignorance. Saladine n'a rien entendu. M. Honnorat a entendu, lui ! Il voulait se lever, allumer sa lanterne. Mais il s'est décidé à rester au lit, ayant réfléchi que l'an passé, au même mois, après de fortes pluies, une autre grosse pierre s'était écroulée de la sorte.

Quoi qu'en pense M. Honnorat, la pluie n'est pour rien dans l'événement.

D'abord, il n'a pas plu. Et puis Ganteaume, en train d'inspecter, selon sa louable habitude, aussitôt le jour blanchissant, les pavés des rues et les poussières des routes, a surpris Galfar, flanqué de ses Piémontais inséparables, qui considérait, avec un intérêt trop vif pour n'être pas suspect, la place de la pierre tombée.

XXXIX

LA MESSE

C'est précisément ce matin que l'abbé Sèbe doit dire sa messe annuelle pour l'âme « des deux qui sont morts ».

J'y assisterai, l'ayant promis.

La cloche tinte, nous partons. M. Honnorat et Saladine vont devant. Je suis — curieusement regardé des gens, debout sur le seuil des portes — ayant eu cette audace, avec un sourire accueillie, d'offrir le bras à Mlle Norette.

Ganteaume est absent. Depuis quelques jours on ne sait jamais où trouver Ganteaume.

Église basse, blanche et froide, sans tableaux au mur, ni boiseries, nue comme une mosquée de village. Deux rangées de bancs qu'un vide sépare. Et, de chaque côté, échangeant, malgré la sainteté du lieu, des regards farouches, les deux amilles avec ceux qui tiennent pour elles. Car, si Galfar a ses partisans, M. Honnorat aussi a les siens. Moi je suis l'ennemi de tous. La Chèvre d'Or a réveillé les haines, et, à cause de la Chèvre d'Or, les partisans de M. Honnorat ne m'en veulent pas moins que ceux de Galfar.

Galfar, avec son père, Christophe Galfar, vieux paysan à figure de gentilhomme, et sa mère, jadis Madame, aujourd'hui simplement la Christole, grande femme maigre, révoltée et fière, occupent le premier banc de droite.

Nous occupons, parallèlement, les Gazan et moi, le premier banc de gauche; et Galfar, me voyant paraître sain et sauf, gaillard comme un sabre, s'étonne et dissimule mal une grimace de désappointement. Je souris, songeant à la pierre. M{}^{lle} Norette, également, ne peut s'empêcher de sourire.

Le vieux Peu-Parle, lui-même, est venu en costume de cérémonie, portant tricorne, culottes courtes et l'habit de cadis blanc, taillé à la française. Cérémonieux et distrait, il assiste à la chose par politesse et savoir-vivre.

Peu-Parle connaît le secret de la Chèvre, et nos agitations ne l'intéressent point.

Après la messe que, rasé de frais pour la circonstance, il a fort dignement célébrée, l'abbé, devant l'autel, prononce une courte allocution, conseillant à tous la douceur et le mépris des biens de la terre.

Ses paroles sont touchantes. M. Honnorat, qui ne demande que la paix, se mouche bruyamment, au plus beau passage. Galfar, lui-même, semble ému. Mais M{}^{lle} Norette ne bronche point; impassible, obstinée, son profil droit et calme, son regard fixe, résolu, me font songer à la statuette impérieuse et mignonne de Sainte-Sare.

Elle avait raison, M{llc} Norette.

Au sortir de l'église, nous voyons arriver Ganteaume, soutenant, caressant Misé Jano blessée, qui trotte douloureusement sur trois pattes.

— « Un coup de couteau piémontais, caché dans la manche et lancé de loin ! nous dit Ganteaume. Si au moins j'avais pu me trouver là ? Mais l'assassin était parti, et Misé Jano semblait vouloir se laisser mourir, perdant son sang, couchée dans l'herbe.

— Voilà pourtant, Norette, à quoi tes imprudences, tes folles bravades nous exposent, s'écriait M. Honnorat, pourpre d'égoïste colère. Et, comme s'il eut senti, dans sa propre chair à lui, Mitre Honnorat Gazan, le froid du couteau piémontais : voilà ce que c'est que de laisser courir Misé Jano avec la clochette !

— Mais Misé Jano, père, n'avait pas la clochette.

— On a dû croire qu'elle l'avait.

— Bon ! et quand il s'emparerait de la clochette, pensez-vous que Galfar, — bel héritier, ma foi ! pour le roi de Majorque ! — s'en trouverait plus avancé ?... conclut Norette, en essuyant de son mouchoir les yeux effrayés de Misé Jano.

C'est la première fois que Norette, et certes ! sans me soupçonner, faisait allusion à la Chèvre d'Or.

XXXX

LE VOL

Tous ces événements, le dernier surtout, ne doivent pas être étrangers à la résolution subitement prise, par M. Honnorat, d'aller voir des parents qu'il a quelque part, dans un village de la montagne.

Mlle Norette me propose de faire partie du voyage. M. Honnorat insiste.

Une partie charmante à travers un pays pittoresque et frais, où sont des ruisseaux épais de truites. Saladine garderait la maison.

Je résiste, quoique tenté. Je ne me juge pas de reste, en présence de Galfar et de ses Piémontais, pour garder la maison de compte à demi avec Saladine.

Un travail pressé, que j'invente, me sert d'excuse. Pourquoi ? — d'ailleurs, l'occasion est bonne — n'emploierais-je pas ces trois jours à mettre un peu d'ordre dans les notes, assez

confusément ramassées, au hasard des lectures et des promenades, pour l'ouvrage que je rêvais en m'installant, il y a trois mois, au Puget-Maure?

Mais les allées et venues de Galfar, ses façons, ses airs de mystère, ne me laisseront pas, j'en ai grand crainte, ce loisir.

Galfar prépare un coup. Je le sais par Ganteaume qui, lui-même, le tient de Peu-Parle.

Quel coup? Un vol, sans doute! et la chose lui sera facile, puisque, grâce à son ingénieuse idée de repavage, le voilà dans la place avec trois sacripants.

Heureusement, je veille, Ganteaume fait tout ce qu'il faut pour veiller, et nous pouvons compter sur le courage plus que masculin et les longs bras de Saladine.

Pendant deux jours, ce qui est assez naturel, et pendant deux nuits, ce qui m'humilie un peu, rien n'arrive. Mais à la troisième nuit, sur les onze heures, le village étant endormi, j'entends tout à coup, dans l'écurie, au fond du couloir, l'âne braire.

Puis une porte grince, des pas sourds montent l'escalier; et, de ma fenêtre ouverte sur le jardin, j'aperçois Galfar qui, faisant un geste de la main, comme pour arrêter des gens qui le suivent, applique son oreille aux volets du rez-de-chaussée où dort Saladine.

— « Allez, murmure-t-il, et pas de bruit! je reste ici en sentinelle, pour le cas où elle se réveillerait. »

Évidemment, les Piémontais ont mission de dévaliser la chambre aux trésors de Norette; c'est eux qui forceront la porte. Galfar se contente d'ordonner, étant de trop bonne famille pour s'abaisser à ces métiers.

Si j'envoyais une balle à Galfar, comme réponse à son coup double?

Soudain, d'en bas, un cri s'élève :

— « Oh! Saladine... oh! des Gazan...

— Oh! du four... », répond Saladine, d'une voix encore ensommeillée.

C'est le fournier en train de parcourir le village, annonçant l'heure des levains aux gens qui, demain, doivent cuire, et, s'arrêtant sous les fenêtres, au lieu de cogner et de monter, moins par paresse que par besoin décoratif de remplir du bruit de sa voix le grand silence de la nuit.

Galfar a disparu. Une vitre luit; c'est Saladine qui se lève.

Après quoi, la vitre de nouveau s'obscurcit; et, sur les briques de l'escalier, sur les galets du Passage d'Ane, j'écoute un instant les pas traînants de Saladine qui s'en va, tandis que, s'éloignant pour d'autres fournées, le fournier jette son appel : « Oh! Myon... oh! Nore... oh! Madon... » de plus en plus indistinct et vague.

Je m'étais cru débarrassé de mes voleurs. Terrés un instant, ils ont reparu aussitôt Saladine définitivement partie.

Que faire? seul contre quatre! Réveiller Ganteaume qui dort là-haut, au-dessus de ma tête, dans le grenier. Ganteaume, certes, a l'âme héroïque. Mais il doit rêver de Norette; mieux vaut le laisser à ses songes.

Cependant j'entends comme un bruit de vis qui crient, de

bois qui grince. Les voleurs enfonçent. Une idée me vient.

La porte du Passage d'Ane, qui donne sur la placette, est ouverte ; et, suivant les patriarcales coutumes du pays, sa clef, une clef énorme, capable d'assommer un bœuf, reste à demeure dans la serrure.

Je sortirai, je fermerai la porte en dehors, et j'irai, par le bas du village, monter la garde sous le jardin, devant la seule issue que Galfar et ses estafiers puissent prendre et que Galfar, du moins, connaît depuis l'aventure de la pierre, c'est-à-dire au bas de la fente par où je grimpais à mes rendez-vous.

Leur coup fait, et trouvant la porte fermée, ils essaieront de se sauver par là.

XLI

« GUEITO ! »

Ma clef à la main — pourquoi l'avoir gardée ? — je traverse précipitamment la placette toute noire, sans un fanal ; j'enfile des voûtes, des ruelles, une manière d'escalier taillé en zigzag dans la pierre vive ; je franchis la poterne à machicoulis où se balancent, au gré d'un perpétuel courant d'air, d'énormes touffes de capillaires, et me voici embarqué, bien dans l'ombre, et précisément devant la pierre que mon imprudente escapade a fait s'écrouler l'autre jour.

En levant la tête, j'aperçois, au-dessus de moi, le village, le château Gazan, sa tour carrée, de vieux murs revêtus de lierre, et, pour piédestal, une rive abrupte qui porte tout cela, une pyramide en gradins d'étroits jardins superposés.

Mais un seul jardin m'intéresse, celui là-haut, où se détachent sur le ciel clair, passant et repassant, des ombres inquiètes.

J'ai bien fait, d'ailleurs, de me hâter.

A peine arrivé, trois des ombres enjambent le mur et, prudemment, se laissent couler le long du roc; une quatrième suit portant, celle-là, quelque chose comme un fusil en bandoulière.

— « Ecco, signor! »

Aussitôt rejoints, les trois Piémontais, car c'était eux, remettent je ne sais quoi à Galfar et s'empressent de détaler, le dos tourné au village, sans regarder derrière eux, roulant du talon dans les cailloux, s'embarrassant les jambes dans les genêts et dans les myrtes.

Ils disparaissent. Galfar, rassuré et désormais certain que c'est eux qu'on soupçonnera, s'assied sur le bord du chemin, tire de l'énorme poche transversale formant sac dans le dos de sa veste, l'objet mystérieux que les fuyards lui ont remis, et le regarde avec complaisance, car une vague lueur d'aube se mêle, depuis quelques instants, à celle, pâlissante déjà, des étoiles.

Je reconnais la clochette de Misé Jano, la clochette avec son collier.

Je bondis, Galfar hurle, la clochette tombe en même temps que la massive clef de fer dont j'ai frappé, et que je lâche pour m'armer de mon pistolet.

Galfar s'est retourné. Mon pistolet l'arrête... Il recule, vaincu, mâchant des paroles de menace et soutenant, de la main gauche, son poignet sanglant et meurtri.

Je le croyais loin, et déjà ramassais la précieuse clochette enfin conquise. Un appel me fait redresser.

— « *Gueito !* » crie Galfar, ce qui, en langage du Puget-Maure, signifie, paraît-il : « Garde-toi ! »

Et, à quelque quarantes mètres, j'aperçois, dans la clarté du jour levant, mon enragé qui, de sa seule main valide, tient un fusil en joue et vise.

J'ai un pistolet. Visons aussi à tout hasard.

— « *Gueito !* » crie encore Galfar. Sans m'attendre, il tire, je tombe. Galfar a peut-être tiré trop tôt : mais après m'avoir averti, et, en somme, l'honneur est sauf.

XLII.

LE BON GENDARME

Où suis-je ? Mon œil s'étonne et ne reconnaît pas l'étage de tour froid et nu qu'il avait coutume de voir à l'heure ordinaire de mes réveils.

Des yatagans, des pipes en terre rouge incrustée de filigrane, des guéridons et des miroirs fleuris de corail et de nacre, partout des tapis, des tentures... Eh ! parbleu ! c'est la chambre de M. Honnorat, celle qu'il appelle, en exagérant un peu, la chambre aux merveilles, tandis que Mlle Norette, simplement : la chambre aux trésors.

Il paraît que je dois la vie à Peu-Parle, toujours en chemin, dès l'aurore, et dont la subite arrivée, sur le coup de fusil, a fait fuir mon meurtrier inconnu.

Je m'étais évanoui. Des gens, par Peu-Parle appelés, m'ont mis en travers sur un âne. On m'a porté chez les Gazan, et, comme l'escalier de la tour se trouvait trop étroit pour le

transport d'un blessé, Saladine a pris sur elle, — bonne Saladine ! — de transformer pour moi en infirmerie la chambre aux merveilles. Et tant pis si M. Honnorat se fâche ! Il n'aura qu'à changer ses habitudes et fumer ses pipes ailleurs.

Car M. Honnorat n'est pas encore revenu, non plus que Norette. Il n'y a là que Peu-Parle et Saladine, Ganteaume, — après avoir aidé à un premier pansement sommaire, — est parti, je ne sais où, chercher le médecin.

Cependant, quelqu'un se penche sur mon lit, me parlant comme à un enfant, murmurant des paroles douces. Si c'était Norette, ou seulement M. Honnorat ? Le fin profil oriental de la fille ou la grosse figure du père, d'un si réconfortant égoïsme ?

Malédiction ! C'est un gendarme. Un bon vieux gendarme à moustaches couleur de cirage, avec le baudrier, le tricorne, en costume de Procès-verbal.

Voilà bien la quatrième fois, me dit Saladine, que, depuis l'accident de ce matin, il vient demander de vos nouvelles. Tant de sollicitude me touche. Affaibli, léger de pensées, je me sens prêt à ouvrir mon cœur au représentant de l'autorité.

Cependant, sans insister, sans avoir l'air, le bon gendarme m'interroge. Il met, certes, des gants pour m'interroger, mais ce sont des gants d'ordonnance ; et je n'ai pas de peine, malgré mon état, à déjouer sa diplomatie, tout ensemble grossière et ingénue.

Ce gendarme, désireux de se faire honneur, étant relativement lettré, d'un procès-verbal « rédigé sur place », voudrait savoir quand et comment, et par qui j'ai été blessé.

— « Mais, mon Dieu, lui dis-je, monsieur le gendarme, je vous crois assez perspicace pour l'avoir tout de suite deviné.

J'ai été blessé ce matin par un, j'ignore lequel des trois Piémontais employés à paver le Passage d'Ane, et que j'avais surpris en train de piller la maison. L'ont-ils pillée, au moins ?

— Hélas ! répondit Saladine.
— On ne les a plus vus.
— Et on ne les reverra jamais !
— Donc, leur absence les dénonce. Ils avaient, d'ailleurs, monsieur le gendarme, autant que la nuit me permettait de voir, de fortes bottes non cirées, et se parlaient en italien. »

L'air fâché, bonhomme et méfiant, le gendarme m'écoutait dire. Il ajouta :

— « Nous avons constaté le vol, et vos dépositions concordent. Nonobstant, le coup de fusil m'étonne. Ce n'est pas du fusil que se servent généralement les Piémontais.

— J'ai pourtant reçu une balle.

— Sans doute !... Mais venant ainsi de simples Piémontais, une balle n'est pas dans l'ordre, reprit le gendarme qui, évidemment avait ses soupçons et son idée. Ne connaîtriez-vous pas, par hasard, quelque rival, quelque ennemi ?

— Eh ! pour l'amour du ciel, interrompit Saladine, laissez ce pauvre Monsieur tranquille ! Il va retomber en faiblesse et j'ai eu bien tort de vous laisser entrer avant le médecin.

Le gendarme s'inclina, sourit ; et son sourire signifiait :

— « Ce sont là histoires du Puget-Maure. Vous ne désirez pas que le gouvernement s'en mêle, à votre aise ! »

Puis il sortit, d'un pas militaire, tandis que Saladine, jalouse avant tout de l'honneur des Gazan, heureuse du scandale évité, me jetait le seul regard aimable que je lui ai connu de sa vie, et que Peu-Parle, desserrant les dents, murmurait :

— « Vous avez raison ! Querelles d'honnêtes gens ne regardent pas les gendarmes. Ce matin pourtant, nul autre que nous le saura, il m'avait semblé reconnaître la voix du fusil de Galfar.

XLIII

LES SONGES

Que de choses en ces quelques jours ! Que d'événements, de surprise ! Quelle quantité de bonheur ! J'en ai le cœur doucement réjoui, et la tête comme brisée.

Toutes mes prévisions se réalisent.

L'heureux succès de l'aventure dépasse même ce que l'espérais.

Pauvre Galfar qui s'imaginait, en s'emparant de la clochette, être maître de la Chèvre d'Or.

Galfar doit le comprendre maintenant : la Chèvre d'Or ne cède point aux vaines menaces. Fière, elle hait les violents, il faut savoir lui plaire, la charmer, et le reste n'est pas peine inutile.

Certes, la clochette de Misé Jano m'a servi. J'en ai déchiffré, non sans peine, les mots gravés, et j'ai obtenu de cette façon l'indication nécessaire.

Mais qu'aurais-je fait sans Norette? C'est elle qui m'a soutenu, encouragé. C'est grâce à elle, c'est pour elle, que j'ai eu le courage de persévérer dans l'entreprise malgré Galfar, les gens de Puget, leur colère au grand jour et leurs sourdes embûches. C'est avec elle qu'au moment du solstice, à l'heure prescrite, l'ombre du roc, marquant la place, nous est apparu, sous un peu de terre et de gazon, le mystérieux coffret de fer, dépositaire du secret.

Nous sommes allés dans un vallon sauvage, la nuit. De hauts rochers se découpaient sur un ciel pailleté d'étoiles, et Misé Jano, sa clochette au cou, nous suivait. Ensemble, d'un commun effort, Norette m'aidant de ses petites mains brunes, nous avons fait tourner la pierre mouvante. O! l'éblouissement tout au fond de la grotte sombre, dont nous suivions les étroits couloirs, lentement, les doigts enlacés.

Ils étaient là, innombrables et jetant des feux sous les reflets de notre torche, les trésors du roi de Majorque. Je les ai vus, mes yeux me brûlent, vus cette seule fois, pendant un instant. Je ne les reverrai que dans un mois, au lendemain de notre mariage. Car Norette le veut ainsi, et je dois obéir à Norette.

XLIV

TOUJOURS LES SONGES!

Oh! j'ai obéi, j'ai attendu. Maintenant très riches, très heureux, grâce à la Chèvre fantastique et à ses inépuisables monceaux d'or, nous réalisons, Norette et moi, des choses extraordinaires.

D'abord le Puget-Maure a été passé, de fond en comble, au lait de chaux, et reluit, quand le soleil donne, comme un diamant sur son pic. Comblés des libéralités de Norette, les habitants sont devenus autant de petits seigneurs et ne braconnent plus que pour leur agrément. M. Honnorat, toujours maire, mais qui désormais fume ses pipes en costume turc, a eu l'idée ingénieuse de placer, à l'entrée du village, un écriteau portant ceci :

ARRÊTÉ MUNICIPAL

La pauvreté est interdite sur le territoire
DE LA COMMUNE

C'est Peu-Parle, aidé du bon gendarme, qui ont charge de traquer les délinquants. Ils les appréhendent sans pitié et ne leur permettent le séjour qu'à la condition d'accepter des habits neufs et une bourse abondamment garnie. Ceux qui font les méchants et refusent sont illico reconduits à la frontière.

Pour le quart d'heure, un certain égoïsme me tient, et je m'occupe surtout de Norette, c'est-à-dire, de moi-même.

J'ai relevé pour elle, en élégant style mauresque, au milieu des précipices et des rocs, le château dans les débris duquel nous cueillîmes les fleurs de la Reine. Norette est reine, reine des Bohémiens; elle a des robes brodées de perles et de rubis, et se pare de bijoux étranges. Saladine la sort; seulement, je ne sais pourquoi, Saladine est négresse et s'appelle Sara, ce qui, d'ailleurs, n'a l'air d'étonner personne.

J'oubliais de dire que Misé Jano — entre nous, c'était bien elle, la Chèvre d'Or, et l'autre matin, l'ayant arrêtée par les cornes, je me suis étonné de la lourdeur et du froid métallique de sa toison — Oui! j'oubliais de dire que Misé Jano habite, au fond d'un jardin égayé de jets d'eau chantant dans des bassins de marbre et planté d'arbres d'Orient, un délicieux pavillon à jour; et que chaque dimanche l'abbé Sèbe nous dit la messe, dans une chapelle, coiffée d'une calotte en briques peintes et qui a ses cloches dans un minaret.

Au surplus, je compte mettre la fortune dont le destin m'a fait comptable, au service de la France et de l'humanité. Je médite de grands projets. Mais j'attends, pour l'exécution, la présence de Ganteaume qui a des idées là-dessus.

Car seul Ganteaume manque au Puget. Ganteaume est parti

sur Arlatan et s'en est allé retrouver, dans le domaine de la Petite-Camargue, patron Ruf et Tardive. Mais ils doivent revenir tous les trois, bientôt. Un signal annoncera que leur galère est mouillée à la calanque d'Aygues-Sèches. Nous la chargerons de pierreries, je m'embarquerai avec Norette et nous ferons le tour du monde....

Au milieu de mes rêves — c'étaient là, je m'en rends compte maintenant, des rêves causés par la fièvre, parfois une angoisse se mêlait comme la douleur lancinante de quelque blessure mal fermée. Alors je rencontrais Galfar, un Galfar méchant, ironique, dont le sourire me glaçait.

Puis l'angoisse, la douleur cessaient pour faire place de nouveau à la féerie des visions, visions de puissance, de vie noble et libre généreusement promenée, avec l'amour pour compagnon, à travers les océans bleus, le long des côtes fortunées, où des groupes de villes blanches, des palais aux vives couleurs se couchent parmi les palmiers.

XLV

CONVALESCENCE

Un matin, ouvrant les yeux, je me retrouve entouré de yatagans et de pipes, dans la chambre de M. Honnorat.

Le souvenir me revient du Piémontais, de la clochette, du coup de fusil de Galfar. On a pu extraire la balle; mais je suis resté près de deux semaines, délirant, entre la vie et la mort. Galfar avait bien fait les choses.

Que de braves cœurs s'empressent autour de moi !

Ganteaume ressent une telle joie d'être reconnu par moi et appelé de son nom : Ganteaume ? qu'il s'en va pleurer dans un coin.

Saladine, maintenant que me voilà hors de danger, médit du médecin et, pour me guérir tout à fait, invente chaque jour quelque potion nouvelle, composée d'herbes par ses mains cueillies et inoffensives en tout cas.

M. Honnorat, sacrifice énorme ! s'abstient quelquefois de

fumer et, pendant des demi-heures, il s'installe à mon chevet, me contant pour la cinquantième fois ses voyages.

L'abbé ne m'en veut pas, quoique

déçu ! Il comptait en effet envoyer au ciel, avec viatique de première classe, mon âme, une âme de savant qui devait là-haut lui faire honneur. — « Que diantre voulez-vous, avoue-t-il avec son ingénuité paysanne, chacun a son amour-propre et des occasions pareilles ne se rencontrent pas souvent au Puget. »

Tout le monde s'est mis à m'aimer. Les pires ennemis que m'avait fait la Chèvre d'Or, s'inquiètent de moi et demandent de mes nouvelles au four, chez le barbier, à la fontaine, et notre rancunière Saladine prend plaisir à les rudoyer.

Ce revirement est dû sans doute au caractère chevaleresque de mon attitude à l'endroit de Galfar devant le bon gendarme.

Que dis-je ? Galfar lui-même semble me savoir gré de n'être pas mort et de lui éviter ainsi un dérangement toujours désagréable en cour d'assises. Galfar s'imaginant que l'appétit m'est déjà revenu a, pas plus tard qu'hier, daigné envoyer à mon intention, par l'intermédiaire de Peu-Parle, tout le gibier qu'il a tué la veille.

Et Norette ? Et la Chèvre d'Or ?

Quant à la Chèvre d'Or en qui, plus que jamais, je crois, un point me suffit, c'est que la clochette est sauvée. Je la tenais au poing, Peu-Parle me l'a dit, lorsqu'il me releva, mouillé de sang, dans les cailloux.

Mais les façons de Mlle Norette ne sont pas sans m'inquiéter un peu. Je revois, à travers certaines éclaircies de mon délire, une Norette inquiète, passionnée, penchant sur moi un front pâle, des yeux attendris.

Et maintenant Norette n'est plus même. Norette s'est comme fermée. Elle paraît ne se rappeler rien. Et quelquefois

e me demande si je n'aurais pas rêvé nos soirs d'amour au jardin, sous le regard complice des étoiles, comme j'ai rêvé notre visite à la grotte de la Chèvre d'Or.

Ceci me torture affreusement, et m'empêche de savourer, dans leur pénétrante douceur, les joies de la convalescence. Se sentir vivre quand on croyait mourir, les émotions d'un retour. Quoi? un ciel si bleu, un si clair soleil, ces fleurs, ces parfums, ces chants d'oiseaux, et pas le sourire de Norette?

J'ai le désir enfantin de ce sourire, plus que le désir, un besoin : je l'attendais en ouvrant les yeux, il faisait partie de ma guérison.

Norette, hélas! ne me sourira plus. Son regard me l'a dit, regard de mépris et de pitié, hier, dans le jardin, car j'y fais parfois quelques pas, soutenu par elle, dans le jardin, près des lauriers dont l'ombre épaisse nous cachait, à côté du banc où si souvent nous nous assîmes.

J'avais voulu baiser sa main, lui parler de choses anciennes, mais ce clair regard m'arrtêa.

Qu'ai-je donc fait qui puisse mériter la haine de Norette?

Rien! seulement Norette est femme, et je ne sais pourquoi, par simple caprice ou par besoin de torturer, peut-être emploie-t-elle contre moi cette effrayante faculté d'oubli qu'ont les femmes — airs d'ignorance, dénégations ingénues qui, le lendemain, feraient douter le plus triomphant des Don Juan d'un amour cueilli de la veille.

XLVI

EN ROUTE POUR LA CALANQUE

Un matin arrive M. Honnorat, joyeux, bruyant, en équipage de pêche.

— « Allons, debout, tout est fini ! le médecin autorise une sortie. La lune nouvelle a fait son apparition cette nuit, et les châtaignes de mer doivent être pleines. »

Tout convalescent est sensible à la gourmandise. Ce mot de châtaignes de mer éveilla soudain je ne sais quelles gastronomiques nostalgies endormies au fond de mon être.

Depuis six mois au moins, M. Honnorat me la promettait, cette pêche, et bien des fois, levés avant le soleil, nous étions descendus vers la Calanque, dans l'espérance d'un temps avorable.

Mais, chaque fois, une malicieuse petite brise, frisant la surface de l'eau, nous avait obligés de renvoyer la partie. Pour le genre de pêche que nous voulions faire, il faut absolument un calme plat.

Ce matin-là, tout s'annonçait à souhait : pas un souffle dans l'air, et, là-bas, sur la mer, pas une ride.

— « Il s'agirait donc de traquer l'oursin?

— Précisément! Dans un quart d'heure, nous partons tous, le gros de l'équipage à pied, vous, pour ne pas vous fatiguer, sur Saladin que Galfar prête. Nous devrions être rendus déjà aux Aygues-Sèches, où nous attend une surprise. On pêchera jusqu'à ce que la chaleur arrive et l'on fera le bouillabaisse sous les pins. »

J'accepte de grand cœur. Norette s'obstine à me fuir quand je veux lui parler ; chemin faisant, je trouverai bien l'occasion de m'expliquer avec Norette.

La surprise, c'est patron Ruf et Tardive qui, avertis par cet excellent M. Honnorat, nous attendent dans la grande barque.

— « Eh! quoi, patron Ruf? Quoi, Tardive?...

Embrassades! Ganteaume exulte, et M. Honnorat, qui savait tout, feint de s'étonner le plus fort.

Moi seul, ne puis être joyeux et continue à faire grise mine ; heureusement, pour m'excuser, j'ai le prétexte de ma maladie.

Pendant toute la longue descente, Norette qui marchait à côté de ma monture, n'a pas même daigné m'adresser la parole. Elle s'entretenait avec son père, indifférente, d'un procès qui les appelle à Arles et, sans doute, nécessitera un long séjour. Peut-être même, par suite d'intérêts nouveaux, leur faudra-t-il quitter, à tout jamais, le Puget-Maure. Et moi alors, que deviendrai-je?

Mais Norette ne me voit pas.

Norette s'inquiète peu de mes peines.

Elle est bonne pourtant; le sort de Misé Jano l'inquiète.

— « Bah! lui dit M. Honnorat, nous en ferons cadeau à Peu-Parle; ce maniaque aime les bêtes, Misé-Jano ne peut qu'être heureuse avec lui. »

Et Mlle Norette approuve tout en caressant de la main — sa main brune et souple que j'ai pressée — le poil bourru de Saladin.

Comme cela ressemble peu à l'aurore de notre amour, à nos courses dans la montagne, quand j'étais jaloux de Ganteaume et que Misé-Jano nous suivait!

XLVI

PÊCHE A L'OURSIN

Cependant patron Ruf s'impatientait.

— « A la fin, t'avanceras-tu, méchant mousse, voilà deux heures qu'on t'espère ? »

Je crus d'abord qu'il s'adressait à Ganteaume. Mais aussitôt patron Ruf ajouta :

— « Le Tonnerre de Dieu me cure, on ne fera jamais rien de cet animal ! »

Je m'étonnai que le brave patron Ruf, si réfléchi, de si bonnes manières, parlât ainsi, surtout à son fils. Mais je m'aperçus qu'il riait en dessous malgré qu'il fit la grosse voix, et compris que sa colère était feinte.

Un homme à barbe grise sortit des tamaris. Il tenait de chaque main une *dourgue* vernissée qu'il venait de remplir à la source, et, quoique vêtu en simple matelot, il portait la osette rouge à la boutonnière.

— « C'est vous, colonel, s'écria M. Honnorat, quel bon vent, quel heureux hasard ?... »

Mais patron Ruf ne lui donna pas le temps de répondre.

— « Allons, mousse, passe-moi la *dourgue*, et plus vite que ça, la langue me pèle ! »

Le mousse de cinquante ans passés, officier de la Légion d'honneur, passa la *dourgue*, patron Ruf avait l'air de s'amuser beaucoup. Il fit semblant de se calmer après avoir bu un coup d'eau fraîche, et le mousse colonel put nous donner des explications.

Ils étaient comme cela, dans Antibes, une douzaine de vieux officiers en retraite qui subissaient la même destinée que lui.

Pris de la folie de la mer et passant les trois quarts de leur vie sur l'eau, ces terriens, pour échapper aux tyrannies d'un règlement qui n'est pas doux à l'endroit des marins amateurs, et se soustraire, une fois pour toutes, aux vexations et aux amendes du terrible commissaire du port, avaient résolu de prendre le brevet de patrons pêcheurs.

Mais avant d'être patron, il faut, selon l'ordonnance de Colbert, toujours en vigueur sur nos côtes, avoir fait un stage de mousse.

Et ils faisaient leur stage de mousse avec sérieux, les braves gens, chez des patrons amis qui voulaient bien d'eux. Les patrons, naturellement, les traitaient en mousses.

— « Pour ma part, disait philosophiquement le colonel, je n'ai pas encore trop à me plaindre. Patron Ruf crie, mais il est bon homme. J'en sais qui sont tombés plus mal... »

A ce moment, patron Ruf se remit à tempêter :

— « La fiole d'huile, les paniers, les rames.

— A vos ordres, voilà ! Le patron se fâche, embarquons. »

J'étais un peu surpris de ne pas voir le moindre filet dans le bateau.

— « Avec quoi, diantre, alors pêche-t-on les oursins ?

— Patience ! nous trouverons, dans les canniers de Van-Méjane, plus d'engins qu'il ne nous en faut. »

En effet, comme nous longions Van-Méjane, le colonel, tout à ses devoirs de mousse et bien qu'un peu humilié par la présence de Norette, prit terre bravement et coupa, dans une haie de roseaux échevelée et frémissante, plusieurs cannes de belle longueur.

Puis, s'étant rembarqué, il dépouilla les cannes de leurs feuilles, il les fendit en quatre par un bout, il introduisit dans ce bout, pour en tenir les quatre sections écartées, un caillou rond ramassé exprès sur la plage ; il tailla, ficela, cira, et, se trouva avoir fabriqué, de la sorte, des ustensiles assez pareils aux cueilloirs à fruits dont se servent les jardiniers.

Le mieux réussi fut pour Norette.

Pendant cette importante opération, patron Ruf, aidé de Ganteaume et employant tantôt la voile, tantôt la rame, nous avait doucement conduits à l'endroit désiré.

Sur un fond de rocher et d'algue, à travers l'eau d'un vert lumineux, on voyait se promener les oursins, cheminant un peu de côté à l'aide de leurs piquants mobiles, en sorte qu'on eut dit de gros marrons hérissés dans leur coque et qui vivaient.

Il ne nous restait plus qu'à les cueillir, ce qui, au premier abord, paraît simple.

Vous plongez le roseau dans l'eau, vous visez l'animal, foncez, ramenez... Eh! mais, pas déjà si simple que cela! M. Honnorat, Ganteaume et Norette ont la main à cet exercice et manquent rarement leur coup. Le colonel et moi les manquons à chaque fois. C'est le diable que de diriger sous l'eau, à près de deux brasses, un roseau que la réfraction vous fait paraître cassé en deux.

Je m'aveugle, couché sur le ventre, à scruter ces claires profondeurs, scintillantes, pénétrées de soleil, où roulent des émeraudes fondues.

Victoire! fourrageant à tort et à travers, enfin mon roseau remonte avec un oursin au bout. Un oursin bleu, hélas! Au lieu d'être couleur d'acajou, le mien à chacune de ses pointes, lesquelles ne piquent point, porte une perle de turquoise du ton le plus délicat.

Très joli à voir l'oursin bleu, mais d'un goût positivement détestable.

Tous me raillent pour ce bel exploit, et Norette plus que les autres. Mais patron Ruf prend pitié de moi; il me relève de mes fonctions de pêcheur et me confie la fiole à l'huile.

La brise s'est levée, la mer commence à rire, et l'on voit trouble au fond de l'eau. Avec une barbe de plume, suivant l'immémorial usage que les Provençaux tiennent des Grecs, j'asperge de quelques gouttes d'huile les vagues autour de la barque. L'huile s'étale, les vagues s'effacent, et la mer, au milieu des flots remués, redevient, sur un espace de quelques pieds, unie comme une glace légèrement irisée.

Des oursins, et puis des oursins! Les douzaines succèdent aux douzaines. Enfin patron Ruf dépose sa lance, allume

une pipe et déclare qu'en voilà de reste et qu'il est temps de déjeuner.

Neuf heures, le soleil est déjà haut. On débarque, on s'installe à l'ombre sous une roche grise et lavée que parsemait des aiguilles de pin.

Là-bas, au loin, par delà le golfe, la côte arrondit sa noble ligne entre la mer d'azur et les Alpes violettes dentelées de neige. Paresseuse, la mer soupire. Les pins répondent à la mer.

Alors, oubliant les oursins, regardant Mlle Norette toujours impassible et hautaine, je me mets à envier le colonel. Il ne songe point aux amours, un encouragement de patron Ruf est plus doux à son cœur que tous les sourires de Norette; et je voudrais comme lui être mousse, oui! bon vieux mousse à barbe grise, avec l'ami Ruf pour patron.

XLVIII

LE SACRIFICE

Un cent d'oursins, dégustés au bord de la mer, ne comptent guère que comme apéritif. Il s'agissait maintenant de pêcher dans les anfractuosités du rivage le *pey San-Péiré*, la *rascasse* et autres savoureux poissons de roche indispensables éléments de la bouillabaisse projetée que nous mangerons au dîner, c'est-à-dire vers midi. Car ici on dîne à midi, chaque peuple ayant ses usages.

Patron Ruf me confie une ligne, une poignée de *mourédus*, et me voilà essayant de faire des expériences d'équilibre au grand soleil sur les avancements escarpés, les arêtes coupantes et blanches de la rive.

Mais j'avais trop présumé de mes forces. La danse des rayons dans l'eau, mon attention à regarder, m'ont brouillé les yeux et troublé la tête. L'odeur mêlée des pins résineux et de l'algue, cet air marin que je respire avec délices achè-

vent encore de me griser. J'éprouve un besoin de dormir, un irrésistible désir d'immobilité et de bien-être; et, ma ligne cédée au colonel, c'est en chancelant comme un homme ivre que je vais m'étendre au fond de la barque amarrée en un creux de falaise.

La barque se balance au clapotis du flot et gémit. Sur ma tête, cachant le soleil, surplombe une voûte humide, incrustée de sel, où des cailloux luisent, où vivent des *patelles*, où sur l'immobile ligne d'étiage, des mousses aux senteurs amères et des plantes marines ont poussé.

J'ai fermé les yeux, j'ai rêvé.

N'est-ce point ici, dans ce golfe, au plus profond de l'abîme bleu, que disparut, il y a des siècles, avec ses portiques, ses tours de marbre, la côte féerique — antique souvenir des Atlantes — dont patron Ruf, un jour, me décrivait les merveilles.

Mais la mer doucement s'écoule sous la barque, et la barque, descendant en même temps qu'elle, me déposa sur un fond de sable d'or, semé de perles.

Et voici Norette, coiffée de corail, en costume de fée Océane, qui me prend par la main, me conduit dans l'immense ville, me montre son palais, ses trésors...

Toujours des rêves, toujours des trésors, et toujours Norette!

Un choc interrompt mon léger sommeil.

La barque a heurté le rocher et quelqu'un saute dans la barque.

Je me dresse, je reconnais Norette qui me fuyait depuis huit jours et qui me cherche maintenant.

Ganteaume l'accompagne et détache l'amarre.

— « Viens, Ganteaume, tu rameras. »

Puis, s'adressant à moi :

— « Nous serons mieux au large pour causer, j'ai des choses graves à vous dire. »

Je me sentis rougir, et n'aurais pu dire pourquoi, en écoutant sa voix émue, en subissant le long regard de ses beaux yeux voilés moins de courroux que de tristesse.

Elle ajouta :

— « C'est à propos de la Chèvre d'Or !

A ces seuls mots, dans une soudaine vision, je devinai enfin les trop justes motifs de son attitude envers moi. Une honte mêlée de remords m'envahit. Je voulais parler et ne trouvais point de paroles.

— « Ne niez rien, n'expliquez rien ! Il est des choses irréparables. Plut au ciel que vous fussiez mort du coup de fusil de Galfar. J'en serais peut-être morte aussi ; et si la terre noire n'eut pas voulu de moi, je restais du moins votre veuve avec l'éternel deuil au cœur d'un amour auquel j'aurais cru. Mais votre fièvre a rêvé tout haut, trop haut pour mon bonheur, puis qu'hélas ! je l'ai entendue. De l'or, des diamants, la chèvre, la clochette... Et toute une longue nuit qui me semblait ne devoir plus finir, à votre chevet, sur vos lèvres où j'épiais, heureuse, un souffle de vie, j'ai cueilli, syllabe par syllabe, cette douloureuse et humiliante certitude qu'aimé de moi, le sachant, vous ne m'aimiez pas. »

Elle était belle ainsi et digne de tous les désirs, cette fière enfant, en qui un dépit passionné éveillait la femme.

J'essayai de baiser ses mains, je les mouillai de larmes qui n'étaient point eintes.

Elle me repoussait, secouant la tête doucement, avec une obstination désolée.

— « A quoi bon ? puisque je sais, puisque tout est fini, puisque, même disant la vérité, je refuserais de vous croire. »

L'absolu du décret me révolta, et ce sentiment de révolte éveilla en moi quelque courage.

— « Écoutez-moi, Norette, je serai franc! Ce que je vais avouer, je vous l'avouerais à genoux, si ma blessure le permettait et si tant de coques d'oursins ne jonchaient la cale. Oui! une série de hasards étrangers, parmi lesquels, en premier lieu, ma trouvaille de la clochette, m'ont fait deviner, oh! sans préméditation de ma part, et votre origine orientale, et le secret par vous possédé du trésor des rois de Majorque. Le trésor, j'y croyais à peine, quand je vous connus. Peu à peu, je m'habituai, sans réfléchir, à vous confondre tous les deux, le trésor et vous, dans les mêmes vagues projets de conquête. Pourquoi ne vous l'avoir point dit ? Mon silence fut mon seul crime ! Crime involontaire que j'expie, puisqu'il me coûte votre amour. Mais s'il est vrai que vos paroles d'aujourd'hui présagent une séparation éternelle, je jure ici, devant Dieu, je jure, en présence de Ganteaume! que nul calcul ne guidait mes pas, quand je suivais le torrent pierreux qui me conduisit au Puget-Maure, et que, la première fois que je vous vis, prêt à vous aimer déjà, Norette! j'ignorais, certes, l'existence et le nom même de la Chèvre d'Or. »

Il y avait, dans mon plaidoyer, un peu de vérité et beaucoup de mensonges, mais les faits étaient si lointains et mes sentiments avaient tellement changé depuis, que mensonge et vérité pouvaient, en conscience, se confondre.

Norette songeait : — « S'il croyait pourtant dire vrai ? »
Moi : — « Si pourtant elle feignait de me croire ? »
Deux amants sont bien prêts de s'entendre, quand leurs désirs ont de ces muettes complicités.

Mais Norette ne céda point.

Ganteaume, fort troublé de tous ces discours, avait, en quelques coups de rame, doublé la pointe d'un petit cap dont la masse blanche près du flot, coiffée de myrtes à sa cime, nous mettait à l'abri des regards.

— « Vous ne vous êtes pas trompé, le trésor existe, continuait Norette. Depuis la défaite et l'embarquement, le secret en resta dans notre famille. Longtemps conservé par tradition, c'est au quatorzième siècle seulement qu'un de nos arrière-grand-pères, maître Michel Gazan, astrologue et médecin de la reine Jeanne, fondit et grava, de peur qu'à la fin ce secret ne se perdît, le fameux talisman figurant une clochette à la mode sarrazine... Prenez-le, prenez, le voici! rouge de votre sang comme quand vous l'avez arraché à Galfar.

Prenez donc! Pourquoi hésiter? n'aurez-vous pas ainsi tout ce que vous désiriez de Norette? »

Je pris la clochette. Norette pâlit, mais un éclair de joie illumina l'œil mélancolique de Ganteaume. Accepter le trésor, c'était renoncer à Norette, et, moi faisant cela, Ganteaume pouvait espérer.

Je m'étais dressé, la clochette d'argent, reluisante, tremblait un peu entre mon index et mon pouce, et le soleil, les reflets de l'eau, allumaient des turquoises et des diamants aux intailles de l'inscription en arabesque qui courait autour de ses bords.

A ce moment, j'aurais pu la lire, mais une larme, venue je ne sais d'où, troublait ma vue, et c'est ce qui m'en empêcha.

— Alors, demandai-je à Norette, ceci nous sépare éternellement ?

— Éternellement ! répondit-elle.

— Rien ici-bas ne vaut l'amour. Pourquoi attrister notre vie de ce qui empêche d'aimer. La mer, sous la barque, est profonde, je n'ai qu'à desserrer les doigts pour que le secret de la Chèvre d'Or s'y ensevelisse pour toujours.

— « Vous êtes le maître ! » soupira Norette.

Je tins la clochette encore un instant suspendue, puis, me penchant, je desserrai les doigts. Lentement, doucement, comme à regret, la clochette descendit, se balançant, et, blanche étoile qui se meurt, finit par disparaître sous les profondeurs de l'eau transparente. Les trésors du roi de Majorque rejoignaient ceux de patron Ruff.

Du haut du cap, parmi les myrtes, M. Honnorat nous criait :

— « Allons, les enfants, la brise creuse, et Tardive a déjà servi la bouillabaisse ! »

Ganteaume, le plus misérable, ayant perdu amour et trésors, mêlait l'averse de ses pleurs aux gouttes rejaillies dont s'emperlaient les rames.

Mais Norette était dans mes bras, et, tout au divin égoïsme de l'amour, nous ne voyons pas les pleurs de Ganteaume.

XLIX

BONHEUR EN BLANC

La Chèvre d'Or, par Paul Arène, Bibliothèque de *l'Illustré Moderne.*

L'

MONSIEUR HONNORAT, VITICULTEUR

C'est triste et l'âme en mélancolie que je reprends, me l'étant promis, ces mémoires, six mois durant interrompus par le bonheur, comme jadis le télégraphe l'était quelquefois par le brouillard.

Le bonheur? Oui! Je l'ai connu du jour où j'épousai Norette, un bonheur tranquille, ingénu, que rien n'eût altéré sans le deuil qui, subit, vint assombrir de ses crêpes la douce lumière persistante de notre lune de miel.

Le mariage accompli — que de poudre brûla *la Bravade,* à cette occasion, et que de peaux frais écorchées enguirlandèrent le portail rustique de la demeure des Gazan! — un certain calme, après tant d'événements, régnait de nouveau sur le Puget-Maure.

Ganteaume, désillusionné, s'en est retourné à la Petite-Camargue. Un peu d'amour le tient encore, mais la mer le consolera. Il monte nous voir, une fois par semaine, tantôt avec Tardive, tantôt avec patron Ruf, et nous apporte du poisson ou des coquillages. Nous avons, d'ailleurs, le projet d'aller passer tout un printemps dans leur cabanette agrandie, et Norette s'enthousiasme à l'idée de dormir sous le joli plafond de velours vert sombre que fait l'envers d'une toiture en roseaux d'étang long empanachés.

La maison est restée la même, toujours vieille et blanche, avec sa cour si fraîche qu'une treille recouvre, son étroit jardin suspendu que parfument la sauge et le romarin. On n'a seulement pas touché aux pavés du Passage d'Ane, bien que Galfar, décidément vaincu par ma générosité, ait cédé l'écurie du fond et mis ainsi fin à des dissensions séculaires, avant d'entreprendre un voyage aux Indes, dont M. Honnorat a voulu faire les frais.

Saladin nous appartient. Il habite l'écurie en compagnie de Misé Jano, et Saladine, insensiblement, s'accoutume à lui donner le nom de son défunt mari.

J'essaie de me remettre au travail, et le bon abbé Sèbe, comme autrefois, m'emprunte mon fusil lorsque l'occasion s'en présente.

Du reste, nos chasses archéologiques, nos stations devant des pierres frustes ont cessé d'offusquer les paysans. Personne ne songe plus aux trésors du roi de Majorque, personne, sauf Peu-Parle qui, un instant troublé par ces aventures, retourne maintenant s'asseoir à sa place ordinaire, dessous le rocher de la Chèvre, et, taciturne tant que le soleil dure, continue son rêve interrompu.

Quant à Norette, que dirai-je? Norette ne ment point aux

pronostics contenus dans le panier des trois vieilles femmes. Toujours bonne comme le pain, pure comme le sel, laborieuse comme la quenouille, j'espère, d'ici à peu, lui voir faire honneur au quatrième souhait.

Elle m'en a dit quelque chose à l'oreille. Patron Ruf sera le parrain.

M. Honnorat ne tient pas à sa place depuis qu'il a l'espoir de se voir grand-père. Le Turc qui était en lui disparait. Plus de siestes l'après-midi, plus de ces interminables heures oisives qu'il passait assis, sans penser, en fumant des pipes. Un besoin continu de mouvement, une activité toute juvénile.

— « Soyons vivaces! » répète-t-il. M. Honnorat veut que son petit-fils ait la fortune, et, dans ce très louable dessein, il s'est mis en tête de reconstituer les vignobles du Puget-Maure. D'après lui, le vin autrefois coulait par les ruelles du village comme coule l'eau après qu'il a plu. C'est pour cela que toutes les maisons ont de si vastes caves, avec des cuves briquetées pareilles à des tours, et des tonneaux de pierre taillée, en prévision des années exceptionnelles où les tonneaux de bois ne suffisaient pas. Mais voilà, à force de trop lui demander, l'homme a fini par fatiguer la vigne.

Dire que depuis Noé, nous avons toujours marché par bouture, et que jamais l'idée n'est venue à personne de rajeunir, à l'aide de semis, ces plants je ne sais combien de fois centenaires ? Comment veut-on qu'avec une telle hygiène le divin bois tordu ait conservé sa force et puisse, désormais plus mou que l'amadou, résister à la dent vorace des invisibles ennemis qui, de tous côtés, s'abattent sur lui ? Auss l'oïdium, le *Mil-Diou*, le phylloxera, que sais-je encore, ont raison de cette proie facile. « Rendons à la vigne des moelles fermes, une dure écorce, rien de tout cela n'y mordra plus ! » Théorie d'une simplicité vraiment lumineuse !

M. Honnorat, par patriotisme, répugne à l'emploi des plants d'Amérique, lesquels, d'ailleurs, ne produisent qu'un faux vin. M. Honnorat sèmera des pépins de grappes françaises choisies parmi les meilleurs crus. L'angle du jardin, chaud comme une serre, est déjà tout en plates-bandes. Il faudra peut-être cinq ans, dix ans, avant que ces pépins aient convenablement raciné. Qu'importe ? la mère des jours n'est pas morte.

En attendant, pour occuper son impatience, M. Honnorat dirige une escouade de paysans dont la mission est d'arracher avec soin, sans offenser le chevelu, au fond des vallons, sous les taillis, tout pied de *labrusque* emmêlant, aux branches d'un pin ou d'un chêne, ses flexibles sarments chargés de raisins aux grains menus et rares. « La vigne sauvage est la vraie vigne et vaut tous les *Jacquets* du monde ! »

Après quoi, on repique à grands frais les pieds ainsi conquis sur une lande caillouteuse, inculte immémorialement, et dont M. Honnorat s'est découvert propriétaire.

Excellent M. Honnorat !

Je n'ai pu résister à la démangeaison de railler un peu ses méthodes.

— « Bah ! répondit-il, ce ne sont là que des essais, et pour triompher, je compte avant tout sur les graines. »

Puis, me montrant la dégringolade des collines qui des-

cendaient de sa vigne future jusqu'à la mer, il ajouta, riant de son rire :

— « En tout cas, mauvais ou bon, si le phylloxéra vient manger mes plants, il faudra, pour grimper si haut, qu'il ait soin de se commander une paire de jambes neuves. »

Un soir, M. Honnorat est rentré ruisselant et transi, ayant voulu, malgré la pluie, — une pluie d'automne glacée, — rester à surveiller ses planteurs de labrusques.

Il a boudé la soupe, lui d'ordinaire si gai mangeur; il a regagné sa chambre, symptôme grave ! sans allumer sa pipe. Le lendemain, M. Honnorat a gardé le lit et Saladine s'est alarmée :

— « Gazan couché, Gazan perdu, répétait-elle en cachant ses larmes; je ne m'y trompe pas, c'est le troisième dans la maison dont j'aurai été la triste habilleuse ! »

J'ai dû la faire taire, à cause de Norette.

LI

LES IRONIES DE NORETTE

Hélas ! que Saladine avait raison ! Au bout d'une semaine, malgré nos soins, M. Honnorat s'est éteint, tranquille, presque sans agonie.

Peu d'instants auparavant, très affaibli, mais en possession de toute sa raison, il me faisait mille recommandations à propos des vignes et plaisantait avec Norette. Il ne se plaignait pas de souffrir, mais rester immobile l'ennuyait.

Il a voulu boire, et, surpris, sans transition aucune, nous nous aperçûmes qu'il délirait. Il croyait être enfant, il parlait de sa mère, et, revivant dans l'éclair d'une vision ses années, il appelait d'anciens amis, partait pour de lointains voyages.

Puis il s'est tu, ma main qu'il serrait s'est glacée.

— « Père ! où es-tu ?... Papa ! sanglotait Norette à genoux.

Les Prieurs, des paysans vêtus en moines, sont venus prendre le cercueil et l'ont porté, se relayant, jusqu'à l'église

et jusqu'au cimetière. L'abbé Sèbe chantait les prières. Nous suivions avec patron Ruf et Ganteaume, accourus dès la triste nouvelle, avec Peu-Parle et tout le village.

Au retour, j'ai retrouvé Norette, en compagnie de Tardive, dans la chambre où se consumaient les trois cierges, et qu'elle n'avait pas voulu quitter. Le soleil entrait par la fenêtre grande ouverte, caressant du même rayon joyeux le lit sur lequel M. Honnorat était mort, et le front pâle de ma femme, ses yeux pleins de larmes, mais agrandis, animés déjà par l'étonnement anxieux des premières maternités. Alors, songeant au pauvre vieux brave homme qui ne verrait plus ce soleil, qui ne connaîtrait pas ce petit-fils d'avance tant aimé, j'ai senti soudain tout mon courage s'évanouir, et, venu pour consoler, j'ai pleuré moi-même. Quel que soit l'excès de douleur, la vie proteste contre la mort, et toujours à la traîne de nos deuils se mêle celle de nos joies!

Peut-être aurais-je pu, me dispensant d'écrire ces dernières pages, m'arrêter à la minute heureuse qui, sous les rocs blancs d'Aygues-Sèches, jeta Norette dans mes bras.

Mais cette mort de M. Honnorat se rattache précisément, et de façon assez singulière pour moi, à mon aventure de la Chèvre d'Or.

— « Ayez bien soin de mes semis? » m'avait dit avant d'expirer, et presque comme recommandation dernière, le brave homme, jusqu'à la fin préoccupé de sa manie.

Ces paroles, longtemps oubliées, me revinrent un jour en mémoire. Février finissait, des fleurs naissaient sur les collines, et des brins de gazon luisaient parmi les rocs, annonçant le printemps si bref et si enivrant de Provence.

Tandis que Norette, mère, avec emphase promenait au jardin l'*Héritier* : « Allons voir, me dis-je, où en sont les semis du pauvre grand-père. »

Les semis n'avaient pas bougé; peut-être faudrait-il, afin

de leur donner un peu d'air, gratter légèrement le sol de la pépinière ?

Je pénétrai donc, pour la première fois, sous une voûte basse, creusée dans les fondements de ma tour et défendue par un vitrage, sorte de cave dont on avait fait une serre, où M. Honnorat remisait ses outils.

Des limaces s'y promenaient, et les murs exhalaient cette odeur de terreau humide et de moisi que connaissent bien les amateurs d'horticulture.

Je ne voulais que prendre la binette, une curiosité ironiquement émue m'arrêta.

Le long du mur, sur des étagères, des paquets s'alignaient avec leurs étiquettes : *Clairet* — *Muscat* — *Grec à grains doubles;* toutes les variétés que M. Honnorat comptait voir pousser et mûrir dans ses domaines du Puget-Maure.

Un des paquets, celui du Grec à grains doubles, me parut de parchemin, et, qu'elle ne fut pas, en l'ouvrant, ma surprise, de reconnaître, avec sa couleur jaune et ses lettres pâlies, un feuillet du Livre de Raison.

D'où venait-il et qui l'avait lacéré, ce Livre de Raison, avant l'hécatombe pieusement sacrilège opérée par l'abbé Sèbe, à la demande de Mme Honnorat Gazan ? Quelque main ignorante, celle de Saladine ! Peut-être aussi le feuillet est-il celui que Mme Honnorat voulut garder, et, mourante, fit déchirer par Norette.

En tout cas, voici ce que disait la feuille par miracle échappée :

... Et comme, sans compter les sanglantes inimitiés fomentées entre parents et frères, cette Cabre d'Or *ne se plaisait qu'en lieux périlleux, baumes sauvages ou précipices, quiconque eut tenté, la suivant, conquérir le trésor sarrazin des rocs de Majorque, s'exposait à de sûres morts. Aussi, pendant mille ans et plus, aucune fille, soit des Galfar, soit des Gazan, soit de tel autre cousinage, ne voulut pas, par crainte des dangers à courir, rien révéler touchant lesdits trésors, ni à celui qui l'avait épousée, ni à personne autre qu'elle aimait.*

Il est même certain qu'au temps du roi René d'Anjou, dame Guiraude Gazan, violemment sollicitée à ce sujet par le sien mari, qui était homme fort dépensier et grand joueur, lui répondit : « Prenez mes bijoux et vendez-les, si l'or vous manque, mais je tiens encore bien trop à vous, malgré votre méchante vie, pour mettre en vos mains un secret qui a déjà coûté tant de malheurs.

Et le mari, toujours la pressant, après s'être seule enfermée dans sa chambre ronde de la tour, elle jeta au feu noblement, et d'un fier courage, le talisman, qui était fait d'une clochette en argent fin, avec un collier de bois comme on les met au cou des chèvres, le tout travaillé curieusement et couvert de mystérieuses écritures.

La clochette ne fondit point et se retrouva dans les cendres, mais, le collier ayant brûlé, les trésors avec lui partirent en fumée. Car l'inscription avait été si industrieusement combinée, que moitié s'en trouvait dessous la clochette et moitié dessus le collier, de sorte que, avoir l'une des parts sans posséder l'autre, c'était tout comme n'avoir rien.

C'est ainsi, concluait le naïf document, que dame Guiraude, volontiers, perdit le secret de la Chèvre, le destin des femmes dans notre famille étant, dit un proverbe, de maintenir leurs maris pauvres, par faute de trop les aimer.

En me voyant sortir de la serre, par le vitrage de laquelle il lui était facile de m'épier, Norette, toujours mélancolique, s'est mise à sourire.

Pourquoi? aurais-je été sa dupe? Se serait-elle, par besoin de malice féminine, et pour colorer notre ingénu roman d'amour d'un vague reflet d'héroïsme, simplement amusée de moi à propos de la Chèvre d'Or?

Bien des détails qui, maintenant me reviennent en mémoire, son sourire, la découverte du fragment de parchemin, précisément dans un endroit où Norette savait bien que je le trouverais un jour ou l'autre, pourraient le aire supposer.

Mais non!

Norette n'a jamais songé à déchiffrer ces pages jaunies, Norette croyait, comme j'y croyais, au trésor gardé par la Chèvre, et c'est de bonne foi tous les deux, d'un même élan de cœur, avec le même enthousiasme que, le jour de la pêche à l'oursin, dans la calanque d'Aygues-Sèches, Norette, pour être sûre que je l'aimais, moi pour prouver que j'aimais Norette, nous renouvelâmes, en le complétant, le sacrifice de dame Guiraude.

Au surplus, tout est bien mieux ainsi, et les légendes, comme les amours, gagnent à garder un peu de mystère.

FIN.

www.ingramcontent.com/pod-product-compliance
Lightning Source LLC
Chambersburg PA
CBHW070540160426
43199CB00014B/2308